3
ESO
RELIGIÓN CATÓLICA

zain

EL PROYECTO DE **RELIGIÓN CATÓLICA**

3 ESO

LAS 7 UNIDADES. ESTRUCTURA

Cada unidad es la respuesta a una pregunta. Las páginas iniciales presentan el itinerario que sigue la unidad.

ANEXOS FINALES

- Textos bíblicos citados en las actividades de las unidades.
- Glosario de términos con su definición.

LAS 7 PETICIONES DEL PADRENUESTRO

Reflexiones, imágenes y actividades de contenido bíblico y experiencial a partir de las 7 peticiones que se formulan en la oración del Padrenuestro.

EXPLORADORES DE LA CULTURA

Dobles páginas para explorar la relación entre la fe y la cultura a lo largo del tiempo.

LIBRO DIGITAL INTERACTIVO

Incorpora los **recursos digitales** necesarios (vídeos, actividades interactivas, audios, enlaces...) para que el profesorado gestione de manera eficaz el aprendizaje en el **aula digital.**

APARTADOS

Los contenidos se presentan en apartados de una o dos páginas que finalizan con una serie de actividades competenciales.

MUROS DE LUZ

A partir de las pinturas murales sobre la historia de la salvación que se ofrecen en CD, trabajo bíblico y de interioridad.

APRENDE A...

Trabajo individual o cooperativo de diversos procedimientos útiles para desarrollar alguna competencia.

EVALUACIÓN COMPETENCIAL

En la última página de cada unidad, las actividades de evaluación apuntan a una o diversas competencias.

TESTIMONIO

Se presenta la experiencia de fe y de compromiso de algún cristiano o cristiana.

RUTINA DE PENSAMIENTO
Para aprender a pensar.

MAPA MENTAL
Ejemplo para elaborar la propia síntesis de la unidad.

INTERIORIDAD
Trabajo de la dimensión interior.

RECURSOS MÚLTIPLES
Relacionados con los contenidos.

- Enlaces a Internet
- Música
- Cine

TRABAJO COOPERATIVO
Para mejorar la responsabilidad individual y las relaciones sociales.

INTELIGENCIAS MÚLTIPLES
Porque hay diferentes maneras de aprender y ser inteligente.

Disponible en «Tu espacio personal»: **www.edebe.com**

Multidispositivo

BIBLIOTECA DE RECURSOS DIGITALES

Un **espacio** fácilmente **accesible** donde encontraréis recursos para consultar, descubrir y explorar el conocimiento.

ÍNDICE

APARTADOS

1 NOS HACEMOS PREGUNTAS

¿Qué sentido tiene la vida?

Los seres humanos somos seres racionales. Nuestra mente nos permite abarcar un amplio abanico de pensamientos. Ante ellos, a veces nos surgen preguntas. Necesitamos una razón profunda que nos responda por qué estamos en este mundo y qué misión tenemos en él.

Nuestro ser intenta responder todos sus interrogantes y conseguir de este modo sentirse satisfecho y realizado con su vida. Pero también se encuentra con limitaciones. Sin embargo, estas no deben convertirse en un impedimento para lograr la felicidad.

RP

RUTINA DE PENSAMIENTO
PALABRA-IDEA-FRASE

- Observa atentamente la fotografía en silencio durante 30 segundos.
- Escribe una palabra, una idea y una frase que expresen la esencia de la imagen.
- Pon en común con los compañeros tu palabra, tu idea y tu frase.
- Comentad los aspectos que consideréis más destacados de esta fotografía y su significado.

1. EL SER HUMANO BUSCA LA FELICIDAD

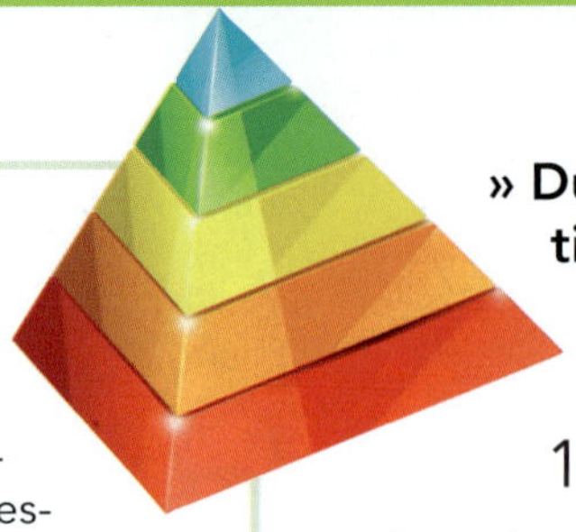

LA PIRÁMIDE DE MASLOW

Teoría psicológica que jerarquiza las necesidades humanas desde las más básicas hasta las de orden superior.

http://links.edebe.com/5yai6m

ALGO + QUE MIRAR...

- ¿Estás de acuerdo con las necesidades básicas que propone Maslow? ¿Por qué?

» Durante toda su vida, las personas se preguntan cuál es el sentido de su existencia y cómo pueden sentirse satisfechas y conseguir la felicidad.

1.1. EL DESEO DE FELICIDAD

Cuando piensas sobre cómo quieres que sea tu vida en el futuro, seguro que no faltan estos dos ingredientes: **ser feliz** y **realizarte como persona.** Esta es una manifestación del **deseo de felicidad** que habita en el corazón de cualquier ser humano. Para cumplirlo y sentirse plenamente satisfecho consigo mismo, utiliza todos los recursos que tiene a su alcance. Este **anhelo de felicidad** perdura a lo largo de toda la vida y se manifiesta de diversas maneras. Por ejemplo, lo vemos en el afán por mejorar como persona día a día, en la búsqueda de la bondad y de la belleza en las personas y en la naturaleza, o también en la necesidad de amar y sentirse amado o amada.

1.2. LA NECESIDAD DE SENTIRSE AMADO O AMADA

Uno de los mayores deseos de toda persona es **sentirse amada,** y esta necesidad se experimenta desde el comienzo de la vida:

- En la **primera infancia** este anhelo lo reclama el niño o niña de forma inconsciente, sin saber siquiera cuánto lo desea. Se satisface habitualmente en el **entorno familiar:** los padres, los hermanos, los abuelos...
- En la **adolescencia** y en la **juventud** el círculo se amplía y aparecen los amigos y compañeros. En esta etapa, el ser humano necesita la aceptación y el cariño de su entorno, y además es capaz de empezar a **responder** a los demás con los mismos sentimientos.
- En la **edad adulta,** las personas buscan relaciones más **duraderas**. En este período de mayor madurez, los sentimientos ya son **recíprocos:** las personas aman y son amadas.

Además, el corazón humano tiene una **capacidad infinita de amar** y no es extraño descubrir que, incluso recibiendo las manifestaciones de amor de sus seres queridos, siga buscando cómo saciar este deseo de felicidad.

ACTIVIDADES

1. Trabajo cooperativo: Formad un grupo de cuatro componentes y reflexionad acerca de estas situaciones:

- Una compañera está cabizbaja porque cree que no le ha ido bien el examen que acaba de hacer.
- Un chico está sentado en un rincón. Está triste porque nadie le deja jugar a fútbol.
- Un recién licenciado sale de la oficina de empleo muy serio. Le han dicho que no hay trabajo para él.
- Una chica está sentada en un banco del parque con los ojos llenos de lágrimas. Acaba de discutir con su mejor amigo.

En cada caso tendréis que indicar:

a) ¿Qué necesidades puede tener la persona en esa situación?

b) ¿Quién puede hacer que se sienta mejor? ¿Cómo?

c) ¿Creéis que la persona se sentirá amada? Explica por qué.

2. Reflexiona y responde a las siguientes preguntas:

a) Tú, como joven, ¿cómo vives el amor que recibes? ¿Y cómo vives el amor que das?

b) ¿Cómo muestras a los demás que les aceptas y les quieres?

c) ¿Cómo te gustaría que fuera tu vida cuando seas adulto o adulta? ¿A qué te dedicarías?

2. EL ENCUENTRO CON DIOS NOS LLEVA A LA PLENITUD

» **El deseo de encontrarse con Dios anida en el corazón de todas las personas. Llevar a cabo este encuentro las ayuda a alcanzar la plenitud.**

2.1. EL SER HUMANO BUSCA A DIOS

Es un hecho que, a lo largo de la historia de la humanidad, los seres humanos de todas las culturas han tratado de **buscar a Dios** y se lo han imaginado de muchas formas y con multitud de atributos y cualidades: *eterno, todopoderoso, justo, sabio, misericordioso,* etc.

¿Y por qué ha sucedido de este modo? Porque el **deseo de conocer a Dios** está **inscrito en el corazón humano.** Las personas intuyen que el ansia de felicidad que no consiguen saciar con todo lo que les rodea debe tener una respuesta que está fuera de su alcance.

> Nos has hecho, Señor, para ti y nuestro corazón está inquieto hasta que descanse en ti.
>
> SAN AGUSTÍN, *CONFESIONES*

Esta **búsqueda** ha tenido diferentes manifestaciones, que van desde el *politeísmo* de las civilizaciones antiguas (Mesopotamia, Egipto, Grecia, Roma...) hasta el *monoteísmo* que profesan judíos, musulmanes y cristianos.

El Concilio Vaticano II, celebrado entre 1962 y 1965, puso de manifiesto este deseo de **encuentro del ser humano con Dios:**

> La razón más alta de la dignidad humana consiste en la vocación del ser humano a la comunión con Dios. El ser humano es invitado al diálogo con Dios desde su nacimiento; pues no existe sino porque, creado por Dios por amor, es conservado siempre por amor; y no vive plenamente según la verdad si no reconoce libremente aquel amor y se entrega a su Creador.
>
> CONCILIO VATICANO II, *GAUDIUM ET SPES*, 19

Cuando las personas encuentran a Dios y cumplen su plan de felicidad llegan a la **plenitud.**

SAN AGUSTÍN

Homilía del Papa Francisco del 28 de agosto de 2013, festividad de San Agustín.

http://links.edebe.com/uezea

ALGO + QUE ESCUCHAR...

- ¿En qué se parece la experiencia de Agustín a la de muchos jóvenes de hoy?
- ¿Qué descubre Agustín en su proceso de búsqueda de Dios?

ACTIVIDADES

3. Explica el significado de esta cita bíblica:

«Entonces buscarás allí al Señor, tu Dios, y lo encontrarás si lo buscas con todo tu corazón y con toda tu alma». (Dt 4, 29)

— ¿Crees que Dios está muy lejos de las personas? Justifica tu respuesta.

4. Investiga sobre la búsqueda de Dios:

a) Piensa historias de personas conocidas de las que tengas constancia que han buscado a Dios en su vida.

b) Busca información en Internet sobre personajes conocidos que también hayan buscado a Dios.

c) Selecciona el que más te haya impactado y escribe un artículo de prensa para divulgar su encuentro con Dios.

3. EL SER HUMANO SE POSICIONA ANTE EL SUFRIMIENTO

SI DIOS EXISTE, ¿POR QUÉ HAY TANTA MALDAD?

Vídeo viral sobre la respuesta de un joven Albert Einstein a su maestro ante la incógnita del porqué de la existencia del mal.

http://links.edebe.com/mcgkai

ALGO + QUE MIRAR...

- ¿Qué opinas del razonamiento de Einstein?
- Explica la frase: «La maldad es el resultado de lo que pasa cuando el hombre no tiene el amor de Dios presente en su corazón». ¿Estás de acuerdo? ¿Por qué?

» **La existencia del sufrimiento, en cualquiera de sus manifestaciones, es un gran misterio que los seres humanos no son capaces de descifrar y que obliga a plantearse muchas preguntas, como *¿por qué existe el mal en el mundo? ¿Para qué sirven el dolor y la enfermedad? ¿Qué sentido tiene la vida si al final todos morimos?***

3.1. EL SUFRIMIENTO EXISTE

Las personas buscan la felicidad en todo lo que hacen. Pero muy a menudo confunden la felicidad con la ausencia de sufrimiento, de modo que la vida se convierte en una carrera que pretende **huir del sufrimiento** para alcanzar la felicidad. Sin embargo, el sufrimiento existe.

El mal

El **mal** es consecuencia directa de la propia *debilidad humana.* Las personas lo realizan de forma consciente, como en las guerras, en los genocidios y en cualquier tipo de violencia, sabiendo que perjudican a los demás.

El dolor

El **dolor** tiene dos dimensiones: el *dolor físico,* producido por una herida o una enfermedad, y el *dolor moral,* provocado por frustraciones y desengaños. El último puede llegar a ser más difícil de sobrellevar y en ocasiones acaba causando *tristeza.*

La enfermedad

La **enfermedad** y las **lesiones** también son consecuencia de la *fragilidad* del organismo humano. Las personas contraen diferentes enfermedades que la medicina se encarga de combatir con todas sus fuerzas.

La muerte

La **muerte** es la *limitación definitiva* de cualquier vida, nadie vive para siempre. La perspectiva de la muerte abre un gran interrogante que, a menudo, ilumina a las personas para buscar a Dios y poder alcanzar la plenitud.

ACTIVIDADES

5. Reflexiona sobre tu experiencia de sufrimiento.

a) Enumera situaciones que conozcas en las que se ponga de manifiesto que el mal existe.

b) Explica cómo te has sentido en una situación en la que te hayas enfrentado a una enfermedad.

c) Si quieres, haz lo mismo con una experiencia en la que hayas sentido el sufrimiento de la muerte.

6. Trabajo cooperativo: En grupos de tres, utilizad la técnica **lápices al centro** para responder a las siguientes preguntas:

- ¿Por qué tenemos que confiar en los médicos y seguir los tratamientos que nos dan?
- ¿Por qué tenemos el deber de respetarnos cuidando nuestro cuerpo?
- ¿Por qué respetando el propio cuerpo mostramos estimación hacia los seres queridos?

3.2. LAS RESPUESTAS FRENTE AL SUFRIMIENTO

La necesidad de responder al misterio del sufrimiento lleva a las personas a adoptar diferentes posturas frente a la vida:

- La **alienación.** Algunos *no pueden soportar el sufrimiento* y huyen de él desesperadamente. Para ello utilizan cuanto tienen a su alcance: diversión, música, juego, placeres, dinero, etc. No se formulan ninguna pregunta porque les da miedo no encontrar respuesta.
- El **ateísmo** y el **agnosticismo.** Para otros, el sufrimiento es un escándalo incompatible con la existencia de Dios. En su opinión, la pregunta fundamental es: *Si Dios existe y es bueno, ¿por qué permite el mal y el dolor?* Al no encontrar respuesta, viven de espaldas a Dios.
- La **resignación.** Otras personas sí creen que Dios existe, pero su relación con Él está presidida por el *miedo.* Consideran que el dolor y el sufrimiento son una injusticia y que Dios podría hacer algo para solucionarlo. Como no encuentran una respuesta inmediata, no les queda más remedio que *resignarse* a aceptar el dolor y el sufrimiento.
- La **fe.** Para los cristianos, la respuesta al sufrimiento está en Jesucristo. Creen que *Dios les ama y que se ha manifestado en Jesús,* que ha sufrido por ellos, ha muerto y ha resucitado para asegurarles la vida eterna.
  — Aunque no tienen respuesta frente al *mal,* confían en la justicia de Dios y hacen lo que está en su mano para **remediarlo.**
  — El *dolor* y la *enfermedad* tienen sentido, ya que, a través de ellos, se unen al **sufrimiento de Jesús,** que cargó con los pecados de toda la humanidad.
  — La *muerte* no es el final de la vida humana, sino que esperan la vida eterna, que inauguró Jesús con su **Resurrección.**

A lo largo de la vida, el ser humano varía de actitud según sus experiencias y según los acontecimientos y las personas con las que se encuentra. Por ello, su postura frente al sufrimiento no tiene por qué ser siempre la misma.

BENEDICTO XVI EN AUSCHWITZ

Discurso del papa Benedicto XVI durante su visita al antiguo campo de concentración de Auschwitz el 28 de mayo de 2006.

http://links.edebe.com/u2828

ALGO + QUE LEER...

- ¿Qué actitud promueve el Papa frente al horror de Auschwitz?
- ¿Con qué oración concluye su discurso?

ACTIVIDADES

7. Relaciona cada uno de los casos con las diferentes posturas frente al sufrimiento.

La abuela de Iván es muy religiosa. Reza varias veces al día. Cuando sucede alguna desgracia, siempre dice: «Hay que resignarse. Estamos en esta vida para sufrir».	Pedro es un chico muy activo. Es monitor en su parroquia y trabaja como voluntario en una ONG en defensa de los niños. Dice que hay que transmitir la esperanza del Evangelio.	Héctor es un chico que se pasa el día conectado a su móvil escuchando música. No le interesa nada que no sea divertirse y pasarlo bien. Vive sin hacerse grandes preguntas.	Cristina ha acabado Medicina. Piensa que no entiende cómo se puede creer en Dios y ver cómo la gente sufre y muere sin que Dios haga nada por evitarlo.

a) Deduce qué crees que respondería cada uno a la pregunta: «¿Existe Dios después de la muerte?».

b) Teniendo en cuenta estas respuestas, ¿qué les diría Pedro a los demás?

c) Explica con cuál de ellos te identificas más y por qué.

8. Reflexiona y escribe qué significado le das tú a estas palabras de Jesús:

> Os he hablado de esto, para que encontréis la paz en mí. En el mundo tendréis luchas; pero tened valor: yo he vencido al mundo.
>
> Jn 16, 33

TESTIMONIO

UNA HISTORIA DE SUPERACIÓN

En algún momento de nuestra vida todos tenemos que enfrentarnos al dolor y a la tristeza. A continuación te presentamos a una persona que, a pesar de tener unas condiciones vitales muy duras, ha encontrado la forma de superarse. ¡Todo un testimonio!

Mi nombre es **Nick Vujicic.** Nací en Melbourne (Australia) en 1982 **sin brazos ni piernas.** Los médicos no supieron dar ningún aviso o explicación a este hecho. En mi vida he tenido incontables retos y obstáculos, pero Dios me ha dado una fortaleza y un espíritu de superación que otros podrían considerar imposible.

Durante mi infancia y adolescencia tuve que hacer frente a los problemas típicos de la escuela, y además fui zarandeado por la depresión y la soledad. Constantemente me preguntaba por qué era distinto a los demás. Me pregunté por el sentido de mi vida, porque no sabía si mi vida tenía algún sentido.

La salida a todos estos conflictos, al igual que la fuerza y la pasión por la vida que siento ahora, llegó por mi **fe en Dios** y gracias a la familia, los amigos y muchas otras personas que he ido encontrando y que han sido una fuente de inspiración.

Ahora dedico mi vida a compartir la esperanza y el amor genuino que he experimentado personalmente. He viajado por más de 54 países y el Señor me ha regalado infinidad de oportunidades para compartir mi testimonio. Mi mayor alegría es presentar a Jesús a aquellos con los que me reúno y poder hablarles del gran deseo de Dios de encontrarse con ellos y ser su Señor y Salvador.

Creo que las puertas se abren con mayor facilidad ante un hombre sin brazos ni piernas que ante cualquier otro, y doy **gracias a Dios** por ese privilegio.

«Dios puede usar a una persona sin extremidades para mostrar al mundo cómo vivir una vida sin límites».

Nick Vujicic

- Explica cómo crees que la fe cristiana ha influido en la actitud de Vujicic ante la vida.
- Visita la página web de Nick Vujicic:

  http://links.edebe.com/2bxyr

  — ¿De qué manera el testimonio de Nick ayuda a la gente? ¿Qué medios utiliza para llegar a las personas?
- Explica una experiencia en la que te sintieras incapaz de hacer algo y cómo finalmente lo conseguiste.

Nick también ha participado en un cortometraje, *El Circo de la mariposa,* para explicar su vivencia de la lucha diaria del ser humano por llegar a la plenitud.

EL CIRCO DE LA MARIPOSA

La historia, ambientada en la década de 1930 en Estados Unidos, tiene como protagonista a Méndez, un carismático maestro de ceremonias de un pequeño circo, el *Circo de la mariposa,* que recorre los parajes desolados del país. En su ruta realiza funciones, a veces de forma gratuita, para llevar un poco de luz a la vida de las personas más desfavorecidas.

Un día conoce a Will, un joven sin brazos y con solo el amago de una pierna, expuesto en una feria como un error de la naturaleza. Will escapa y se une a la *troupe* de Méndez, donde descubre otra forma de hacer espectáculo y se plantea su porvenir a la luz de sus nuevos compañeros.

http://links.edebe.com/v7ucx4

SÍNTESIS

- Para resumir la unidad, traza tu propio mapa mental. Aquí tienes un ejemplo que puedes completar.

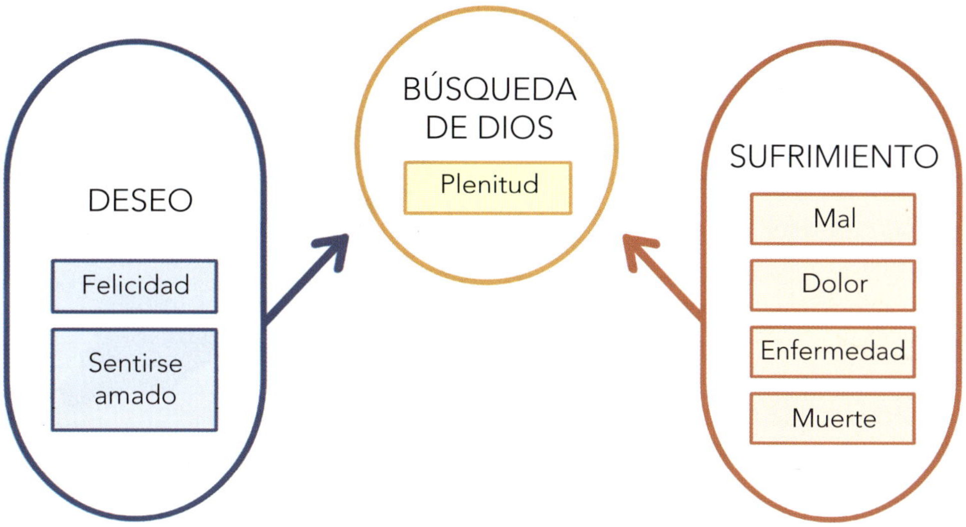

ASÍ DIJO...

...San Juan Pablo II (Karol Józef Wojtyła)

(1920-2005)

La persona humana tiene una necesidad que es aún más profunda, un hambre que es mayor que aquella que el pan puede saciar: es el hambre que posee el corazón humano de la inmensidad de Dios.

¿Quieres saber más sobre este personaje? (pág. 98)

EVALUACIÓN COMPETENCIAL

1. Describe la pintura de C. D. Friedrich *Caminante sobre un mar de nubes.*

a) Observa la colocación del personaje. ¿Qué te parece que está haciendo?

- Busca en el diccionario el significado de «caminante». Razona por qué un ser humano que busca el sentido de su vida es un caminante.

b) Observa el paisaje. ¿Qué elementos lo configuran?

- ¿Qué simboliza la montaña? Explica por qué podríamos decir que el personaje del cuadro está buscando a Dios.

c) Escribe tres palabras que reflejen lo que te ha transmitido esta pintura.

d) Localiza otra obra de arte que muestre la misma idea de búsqueda de sentido del ser humano. Compártela con tus compañeros y comparadlas todos juntos.

2. Explica qué actitudes pueden adoptar las personas frente al sufrimiento. Pon un ejemplo de cada una de ellas.

EXPLORADORES DE LA CULTURA

La Biblia en la cultura europea

La **Biblia** es el libro sagrado de los cristianos. Los textos bíblicos han sido, desde los inicios de la Iglesia, el fundamento de su doctrina y de sus celebraciones litúrgicas.

Los primeros cristianos provenían de la comunidad judía, por eso siguieron utilizando los textos del **Tanaj,** o Biblia judía, que son los libros del Antiguo Testamento cristiano.

A lo largo de los primeros siglos, proliferaron muchos escritos sobre la vida de Jesús y hubo que establecer un criterio para recopilar los que se consideraban inspirados y distinguirlos de los llamados «evangelios apócrifos». Para facilitar su lectura, también había que traducir los textos y explicarlos. Las primeras generaciones de pensadores cristianos, los **Padres de la Iglesia,** se dedicaron a este trabajo.

A finales del siglo IV se estableció el **canon** de los libros bíblicos tal y como lo conocemos hoy.

Consulta la definición de «evangelio apócrifo» y de «canon» en el anexo.

Con el desarrollo del **monaquismo,** se institucionalizó el uso de la Biblia en la vida de oración. Cada semana se cantaba el conjunto de salmos en la oración comunitaria, la **liturgia de las horas** u oficio divino.

Además, la *lectio divina,* la **lectura orante** o meditación sobre la Biblia, fue y es un aspecto fundamental de la espiritualidad monástica.

Cada monasterio disponía de una **biblioteca** y un *scriptorium*, una sala donde se copiaban libros. Las Biblias eran iluminadas, es decir, el texto iba acompañado de imágenes para adornarlo y para facilitar su comprensión.

Por otra parte, las Escrituras eran también el fundamento de la reflexión de los teólogos medievales.

Sin embargo, la mayoría de la población era analfabeta y no tenía acceso a la lectura de la Biblia, por eso, el **arte** fue otro de los instrumentos que se utilizó para difundir el mensaje de las Sagradas Escrituras. Los mosaicos, frescos, vidrieras, tapices, esculturas, retablos y capiteles eran la Biblia de los iletrados y sirvieron para mostrar las escenas bíblicas.

La musicalización de las oraciones y los **misterios,** representaciones teatrales de temática religiosa, también sirvieron para dar a conocer el mensaje bíblico al pueblo, mayoritariamente analfabeto.

Capitel del claustro del monasterio de San Juan de la Peña (Huesca), siglo XII.

ACTIVIDADES

1. Enumera oraciones que conozcas que correspondan a textos bíblicos.
2. Investiga y averigua el proceso que se seguía para copiar un libro en la Edad Media
3. Lee la cita Jn 11, 1-44 y compárala con la imagen del capitel. Explica si corresponden a la misma escena bíblica y cómo lo has sabido.

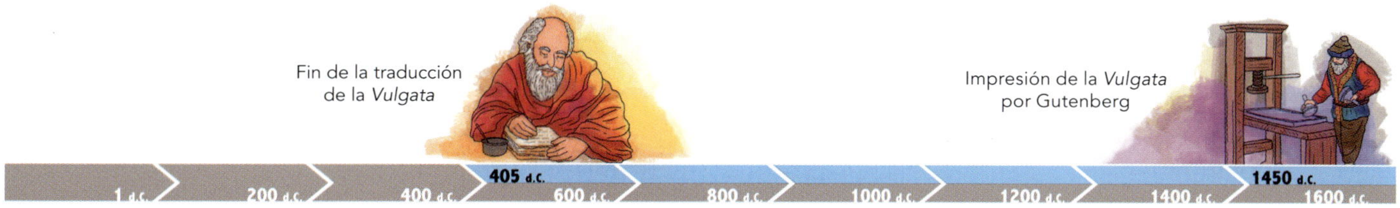

San Jerónimo y la Vulgata Siglo IV

El cristianismo se difundió rápidamente por el Imperio romano, pero como los textos bíblicos originales estaban escritos en hebreo y en griego, fue necesario traducirlos al **latín,** la lengua oficial del Imperio, para que la gente los pudiera entender. Esta traducción se la debemos a san Jerónimo.

Jerónimo nació a mediados del siglo IV en Dalmacia, una zona fronteriza entre los imperios de Oriente y Occidente. Estudió latín en Roma bajo la dirección de los mayores expertos de la época. Por su conocimiento de la lengua, fue nombrado secretario del Papa.

En el Concilio de Roma del 382, el Papa estableció los **libros canónicos** del Antiguo y del Nuevo Testamento y encargó a san Jerónimo su traducción al latín.

Con cuarenta años, se marchó a **Tierra Santa** para perfeccionar su conocimiento del hebreo y realizar el trabajo encomendado. Allí se instaló en una gruta cercana a la cueva de Belén. El año 382 empezó la traducción del Nuevo Testamento, corrigiendo una versión latina previa que tenía muchas imperfecciones de lenguaje, imprecisiones y traducciones erróneas. El año 390 comenzó con el Antiguo Testamento, que terminó de traducir en el año 405.

Más de diez siglos después, en 1450, la Vulgata fue el primer libro que se imprimió con el sistema de tipos móviles. La impresión la realizó Johannes Gutenberg en Maguncia (Alemania).

Así comenzó la impresión masiva de textos en Occidente. Actualmente, la Biblia también puede leerse en múltiples soportes digitales.

Consejos de san Jerónimo para leer la Biblia:

«Ignorar las Escrituras significa ignorar a Cristo».

«Al interpretar la Sagrada Escritura siempre tenemos necesidad de la ayuda del Espíritu Santo».

— A una joven noble de Roma:

«Si rezas, hablas con el Esposo; si lees, es Él quien te habla».

— A un sacerdote:

«Lee con mucha frecuencia las divinas Escrituras; es más, que el Libro no se caiga nunca de tus manos. Aprende en él lo que tienes que enseñar».

— A una madre respecto a la educación cristiana de su hija:

«Asegúrate de que estudie todos los días algún pasaje de la Escritura... Que acompañe la oración con la lectura, y la lectura con la oración... Que ame los libros divinos en vez de las joyas y los vestidos de seda».

ACTIVIDADES

4. Identifica las expresiones que usa san Jerónimo para referirse a la Biblia.
   a) ¿Por qué es tan importante leer la Biblia?
   b) Relaciona oración y lectura de la Escritura.
   c) Razona por qué motivos los cristianos deben leer la Biblia.
   d) ¿Es suficiente con el estudio intelectual para entender el mensaje de la Biblia?

2 LAS RELIGIONES OFRECEN RESPUESTAS

¿Dónde podemos buscar respuestas?

Ante las preguntas importantes que todos nos planteamos, sobre todo frente a las circunstancias decisivas de la vida, las respuestas de las diferentes religiones son variadas. Hoy, debido a la globalización, tenemos fácil acceso a religiones surgidas en culturas a veces muy alejadas. Entre todas estas propuestas, la cristiana se caracteriza por tener una visión positiva y esperanzadora de la vida humana.

1. Las grandes religiones ofrecen sus propuestas
2. Surgen otras propuestas
3. La propuesta cristiana es esperanzadora

MUROS DE LUZ: ABRAHÁN Y SARA EN MAMBRÉ

RP

RUTINA DE PENSAMIENTO
MIRAR: 10 VECES 2

- Este monumento cargado de símbolos de diversas religiones está situado en la montaña de Randa, en Mallorca. Obsérvalo durante 30 segundos, deja vagar los ojos por la imagen y fíjate en los detalles que llamen tu atención.
- Elabora una lista de 10 palabras o frases sobre la imagen.
- Formad grupos y poned en común las palabras o frases que haya anotado cada uno.
- Repite los pasos anteriores y añade 10 palabras nuevas.

1. LAS GRANDES RELIGIONES OFRECEN SUS PROPUESTAS

CAMINO AL DESPERTAR

Vídeo sobre las Cuatro Nobles Verdades de Buda.

http://links.edebe.com/33

ALGO + QUE MIRAR...

- Resume en una frase cada una de las Cuatro Nobles Verdades.
- Puntúa del 0 al 10 en qué grado estás de acuerdo con cada una.

» **Los seres humanos somos seres inquietos, nos hacemos preguntas y buscamos respuestas. Existen situaciones que pueden llevarnos a buscar en la religión soluciones a nuestros interrogantes sobre la vida y su sentido. Las grandes tradiciones religiosas de la humanidad han dado respuesta al ansia de infinito y al afán de dar una explicación a la existencia humana.**

1.1. EL *KARMA* Y LA REENCARNACIÓN EN EL HINDUISMO

Son varias las religiones orientales, entre ellas el hinduismo, que defienden la existencia del *karma,* una especie de **energía o fuerza** que emana de los actos, las palabras y los pensamientos que cada individuo produce en su vida.

El *karma* de la vida presente condiciona el tipo de existencia que se tendrá posteriormente, en las siguientes fases del **ciclo de reencarnaciones** (el *samsara*), pues todo en el universo tiende a mantener el *dharma,* que es como una ley, un orden, un **equilibrio.** Así, si una persona lleva a cabo una mala acción en esta vida, deberá «pagarlo» de alguna manera en su próxima existencia reencarnándose, por ejemplo, en una persona de una casta inferior o, incluso, en un ser vivo no humano.

El sentido de la existencia para los hinduistas y, en general, para las religiones «dhármicas», es lograr la *moksa,* es decir, la **liberación de la ley del *karma*** y de toda atadura corporal, poniendo así fin al ciclo de las reencarnaciones.

Una sílaba sagrada

El hinduismo y el budismo comparten esta sílaba mística, leída en sánscrito como «Om»:

Es el sonido más sagrado, el símbolo de lo esencial, el origen de todo.

1.2. EL DOLOR EN EL BUDISMO

La primera de las Cuatro Nobles Verdades que enseñó Buda en el llamado *Sermón de Benarés,* tras su iluminación, es que **la naturaleza de la vida es sufrimiento.** Toda la vida está marcada por el **dolor** (el *dukkha*): el nacimiento, la enfermedad, la vejez y la muerte.

De ahí que las verdades siguientes tengan que ver con la **liberación del sufrimiento.** Si su origen está, como afirmó Buda, en el deseo y el apego a las cosas y a la vida, será eliminando ese deseo y ese apego como las personas podrán liberarse de él.

El Sendero de los Ocho Pasos es el camino que Buda propone para **eliminar los deseos** y para conseguir la experiencia del **nirvana,** de la Verdad absoluta, la Realidad última, la liberación del sufrimiento que marca esta vida.

1.3. LA PREDESTINACIÓN EN EL ISLAM

Los musulmanes, igual que los cristianos y los judíos, son monoteístas porque creen en **un solo Dios.** Alá, el Dios único, ha creado todas las cosas, y todo lo que sucede ocurre por su voluntad. Según el islam, Alá sabe desde antes de la creación todo lo que va a suceder, por lo que el **destino de las personas** es conocido ya por Él.

Según esto, el musulmán poco puede hacer más que **someterse** (como indica su nombre, *muslim*, en árabe 'sometido') a la voluntad divina.

Si trasladamos esta **creencia en la predestinación** a lo que sucede más allá de la muerte, al musulmán solo le queda aceptar que, tanto si va al infierno como si va al paraíso, ese destino es el que ha sido elegido y determinado por Alá.

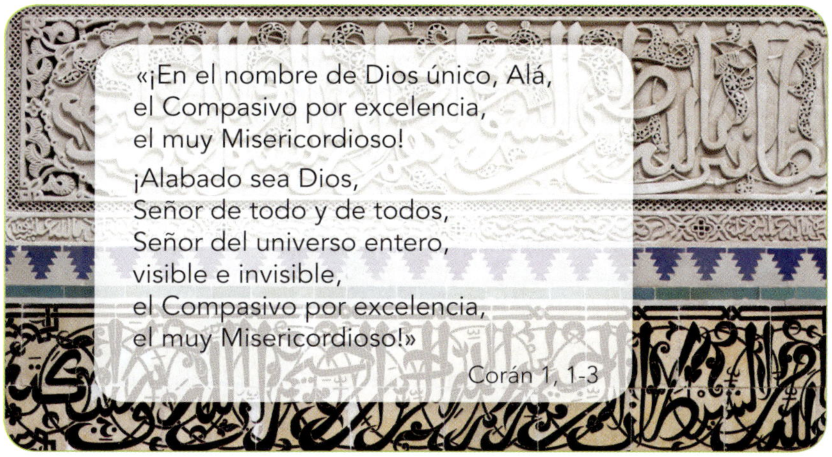

«¡En el nombre de Dios único, Alá,
el Compasivo por excelencia,
el muy Misericordioso!
¡Alabado sea Dios,
Señor de todo y de todos,
Señor del universo entero,
visible e invisible,
el Compasivo por excelencia,
el muy Misericordioso!»

Corán 1, 1-3

Sabías que...

La peregrinación a La Meca

En la peregrinación que los musulmanes realizan a La Meca (Arabia) deben lanzar siete guijarros contra los tres monolitos que representan las tentaciones del diablo. Después, dan siete vueltas a la Kaaba o piedra negra.

ACTIVIDADES

1. Busca información sobre el sistema de castas en el hinduismo y explica la relación que existe entre el *karma*, las castas y la reencarnación.
   — Expón tu opinión acerca de esa relación. ¿Crees que se pueden justificar las discriminaciones basándose en creencias religiosas?
2. **Trabajo cooperativo:** Mediante la técnica del **folio giratorio,** elaborad en grupo un dibujo simbólico que represente el *karma* y su función para mantener el *dharma.*
   — Exponed y explicad los dibujos en el aula y completad vuestra exposición con otros símbolos que se utilizan para representar esa misma realidad.
3. Revisa la información sobre las Cuatro Nobles Verdades del budismo y responde:
   a) ¿Qué le dirías a Buda cuando afirma que todo en la vida es dolor?
   b) ¿Cuál crees tú que es el origen del dolor? Piensa en tu experiencia:
      • ¿Qué situaciones o circunstancias te han hecho sufrir?
      • ¿Cuáles te causan insatisfacción?
   c) ¿Cómo podrías poner remedio a estas situaciones que te han causado sufrimiento o insatisfacción?
4. Investiga en qué consisten los ochos pasos que propone la cuarta verdad del budismo para liberarse del sufrimiento. Puedes consultar:
   http://links.edebe.com/u8dht
   — Pon un ejemplo concreto de cómo puedes tú poner en práctica algunos de esos pasos. Por ejemplo: *Pensamiento recto. Evitar tener pensamientos negativos sobre mí (del tipo «soy un desastre»).*
5. ¿Qué diferencias percibes entre la propuesta del hinduismo o del budismo y la del islam acerca de lo que sucede más allá de la muerte?

2. SURGEN OTRAS PROPUESTAS

ORACIÓN INTERRELIGIOSA

Noticia sobre una oración conjunta de cristianos, musulmanes y budistas en Córdoba.

http://links.edebe.com/9zph

ALGO + QUE MIRAR...

- ¿Por qué crees que esta iniciativa se llevó a cabo en la puerta de la mezquita-catedral de Córdoba?
- Infórmate sobre las vicisitudes que ha sufrido este edificio a lo largo de la historia.
- Da tu opinión sobre la noticia y sobre la oposición a esta oración conjunta.

» El afán de satisfacer las preguntas más íntimas del ser humano origina a veces respuestas al margen de las tradiciones religiosas más comunes. En nuestra sociedad están presentes propuestas muy variadas, a menudo poco estructuradas o que ofrecen respuestas demasiado fáciles, pero que tienen sus seguidores.

2.1. A LA BÚSQUEDA DE NUEVAS RESPUESTAS

La continua **búsqueda de respuestas** es una muestra clara de nuestra necesidad de horizontes, de nuestra **ansia de plenitud.**

La religiosidad y la necesidad de trascendencia se manifiestan en formas que no se agotan en las grandes religiones, sino que las podemos rastrear también en aspectos como el interés por la adivinación, la astrología, el horóscopo, las cartas del tarot... y todo ese conjunto que podemos agrupar bajo el nombre de «ciencias ocultas».

Consulta la definición de «adivinación» y de «astrología» en el anexo.

2.2. LAS CIENCIAS OCULTAS

Se conocen como «ciencias ocultas» todas aquellas creencias y prácticas que afirman que la realidad está regida por **causas trascendentes y misteriosas** que algunos seres humanos, mediante ciertos poderes y habilidades, pueden llegar a desvelar y, a veces, incluso a controlar. Las distintas técnicas de **adivinación** y también la **astrología,** por ejemplo, entrarían dentro de este tipo de «ciencias».

En realidad, estas prácticas y creencias existen desde la Antigüedad. Sin embargo, hoy están al alcance de todos gracias a su **presencia en los medios de comunicación y en Internet.** No debemos olvidar que en muchos casos se han convertido en un lucrativo negocio.

2.3. LA *NEW AGE*

En las últimas décadas del siglo xx surgió la llamada *New Age* o **Nueva Era.** Se trata de un conjunto de creencias diversas que, en términos muy generales, podemos resumir así:

- Todo en el universo está **interconectado e interrelacionado,** y los seres humanos y el resto de seres vivos están hermanados.
- La realidad es una especie de **gran masa energética** que se encuentra en permanente cambio. El conocimiento científico, que pretende establecer verdades definitivas, está lejos de conocer ese **dinamismo.**
- El ser humano es **parte de ese todo** que es el universo. La mejor forma de acceder a la conciencia humana, que es común a todos, es a través de **formas de conocimiento no racionales,** como la intuición, los sueños, los símbolos...

- La **divinidad** es algo **impersonal,** es la unidad de todo que se halla presente en todo. Para encontrar a la divinidad, cada persona debe buscar dentro de sí su propio yo.

2.4. LAS SECTAS

Las sectas son grupos de carácter religioso formados por personas que, tras haberse adherido a una doctrina, desarrollan **fuertes vínculos de dependencia** en el interior del grupo, marcando así su **identidad** frente a otros grupos religiosos y frente a la sociedad en general.

Quien se incorpora a una secta puede hacerlo, entre otros motivos, porque en ella halla respuesta a su búsqueda de identidad, a su deseo de pertenencia a un **grupo que le aporte seguridad** o a su necesidad de alcanzar una verdad que espera encontrar en la doctrina sostenida por la secta.

SECTAS DE LA «A» A LA «Z»

Síntesis de las principales sectas activas en América Latina.

http://links.edebe.com/vc38

ALGO + QUE LEER...

- Elige una de las sectas y elabora una breve ficha que la resuma.
- Poned en común vuestras fichas y dialogad sobre los motivos de las personas para entrar en las sectas y los riesgos que corren.

ACTIVIDADES

6. Intenta comprender este texto de J. Tarcher que resume algunas de las ideas principales de la *New Age*.

> 1- El mundo, incluyendo la raza humana, es expresión de una naturaleza divina superior, más completa.
> 2- Oculto en el interior del ser humano, existe un Yo divino superior, que es la manifestación de esta naturaleza divina superior y más completa.
> 3- Esta naturaleza superior puede ser despertada y convertirse en el centro de la vida cotidiana del individuo.

a) Punto 1: ¿Qué consecuencias puede tener para nuestra libertad pensar que solo somos «expresión» de otra realidad?

b) Punto 2: ¿Has tenido alguna vez la intuición de que en tu interior hay algo que normalmente permanece oculto? ¿Todo lo que hay en el interior de las personas es positivo? ¿Por qué ponen en mayúscula «Yo divino superior»? ¿Qué peligros ves en ello?

c) Punto 3: Expresa qué otras realidades tendrían, para ti, más importancia que esa «naturaleza superior» despertada en el propio yo. Elige las que sinceramente creas que son más importantes para tu crecimiento y tu felicidad.

d) ¿En qué aspectos ves incompatibles estas ideas con el cristianismo? Justifica tu respuesta.

7. **Trabajo cooperativo:** Preparad entre todos una encuesta con ocho o diez preguntas para planteársela a familiares y amigos. Las preguntas deben versar sobre:

- Sus creencias en las ciencias ocultas (horóscopo, tarot, astrología, etc.).
- Si han usado o consultado alguna vez estas técnicas.
- Sus motivaciones para hacerlo.
- Los resultados o «aciertos».

a) Cada alumno o alumna realizará la encuesta a cinco personas de su entorno.

b) Poned los resultados en común y extraed tres conclusiones a partir de estos resultados.

3. LA PROPUESTA CRISTIANA ES ESPERANZADORA

RELI ES DE CINE

Blog con escenas seleccionadas de películas con contenido espiritual.

http://links.edebe.com/ibx

ALGO + QUE MIRAR...

- Selecciona escenas de una de estas películas: *Maktub*, *Incondicional*, *Cartas a Dios* o *Blanca como la leche, roja como la sangre*.
- Expón ante tus compañeros qué situaciones llevan a los protagonistas a plantearse el sentido de la vida y qué respuesta le dan.

» **La fe cristiana aporta una palabra original y cargada de esperanza a la existencia humana. La vida y la predicación de Jesús de Nazaret dan a quien cree en Él las claves necesarias para acoger la propia humanidad, con sus posibilidades y sus limitaciones, y para llevarla a su plenitud.**

3.1. JESÚS TRANSFORMA EL SUFRIMIENTO

El sufrimiento forma parte de la vida de todo ser humano. Jesús no fue ajeno al **dolor,** sino que, lejos de huir de él, se acercó con especial **compasión** a los que lo sufrían. Además, él mismo padeció el dolor de su Pasión y muerte en cruz y el sufrimiento de sentirse solo y abandonado.

Jesús sanó a muchos enfermos y eliminó las dolencias de muchas personas como signo de que en el Reino de Dios, esa realidad que Él predica e inaugura, **el dolor será transformado.** En los encuentros de Jesús con personas que sufren (ciegos, paralíticos, leprosos..., pero también personas que padecen porque son marginadas o porque se sienten pecadoras), la actuación de Jesús tiene unos **efectos transformadores:** los ciegos ven, los cojos andan, los pecadores se sienten perdonados...

El modo que tiene Jesús de **manifestar el amor de Dios** hacia los seres humanos consiste en apelar a lo mejor de cada uno, ofrecerle confianza, afianzar su fe y transformar el sufrimiento en felicidad. Todos los que se encuentran con Jesús se sienten alegres e inician una nueva vida.

3.2. JESÚS ENSEÑA A PERDONAR

Somos conscientes de nuestras propias limitaciones cuando, mirándonos a nosotros mismos, descubrimos fallos en los actos realizados, en las actitudes mostradas o en las palabras dichas. Debemos reconocer que todos, a veces, fallamos.

Pecar significa decir «no» al proyecto que Dios tiene sobre uno mismo y sobre todo lo creado, pero en el cristianismo hay algo mucho más importante que el pecado: el **perdón.** Así nos lo mostró Jesús en su vida en numerosas ocasiones.

Consulta la definición de «pecado» en el anexo.

Entonces se acercó Pedro y le preguntó:

—Señor, si mi hermano me ofende, ¿cuántas veces tengo que perdonarle? ¿Hasta siete veces?

Le contestó Jesús:

—No te digo hasta siete veces, sino hasta setenta veces siete.

Mt 18, 21-22

Sabías que... 7

Setenta veces

Puesto que en la Biblia el número 7 tiene un sentido de totalidad, la expresión «setenta veces siete» no se refiere a una cantidad determinada, sino a un número ilimitado.

3.3. JESÚS VENCE A LA MUERTE

La muerte cancela toda esperanza humana. Es seguro que todos vamos a morir. Pero tan cierto como eso es el deseo y el anhelo que se da en cada persona de **vivir para siempre y en plenitud.** El cristianismo, a la hora de dar respuesta a esta realidad, se fija en Jesús: en Él podemos ver cuál es el plan que Dios tiene para cada uno de nosotros.

La **resurrección de Jesús** abre el camino a la resurrección de todos los hombres y mujeres. No sabemos cómo será esa **vida nueva** que Él inauguró, pero lo podemos intuir por lo que el mismo Jesús hizo y dijo a lo largo de su vida. En esa realidad que nos espera, a la que podemos llamar **«vida eterna»,** la enfermedad, el pecado, la injusticia, el dolor e incluso la muerte serán superados y transformados en esa **vida plena** que ansiamos. Esta **esperanza** es el motor del proyecto de Jesús y, por lo tanto, de todos los cristianos y cristianas.

CRISTIANOS PERSEGUIDOS

Blog con 14 estaciones de un nuevo vía crucis de cristianos perseguidos en la actualidad.

http://links.edebe.com/a79wv9

ALGO + QUE NAVEGAR...

- Elige uno de los casos de cristianos perseguidos y averigua qué sentido han dado a su sufrimiento y a su muerte.

ACTIVIDADES

8. Busca las siguientes citas del Evangelio relacionadas con el perdón:

Jn 8, 1-11 – Mt 6, 12 – Lc 7, 36-50
Lc 6, 37 – Mt 18, 23-35

a) Copia, de cada una de ellas, la frase que a tu juicio resume el significado que tiene el perdón en la experiencia cristiana.

b) Explica los efectos que tiene el perdón en la persona que lo recibe y en la que lo otorga.

9. Fíjate en que la oración que tienes en la columna de la derecha tiene dos partes: lo que el autor no quiere y lo que quiere y le pide a Jesús.

a) Elabora un texto a partir de este en el que sustituyas algunas palabras de la primera parte, como *muletas, soportes, parches, caretas, den cuerda, cáscara de las cosas...* por otras más concretas y menos simbólicas. Por ejemplo, *comodidades* en vez de *muletas.*

b) Después de leer la segunda parte de este «salmo», ¿para qué crees tú que necesitas fuerza?

10. Por parejas, leed estas frases y dialogad sobre si os ofrecen esperanza u os dejan indiferentes:

- «Jesús mostró que el perdón vence al mal».
- «Jesús enseñó a los enfermos y marginados a superar sus limitaciones con fe y confianza».
- «Jesucristo, al resucitar, abrió el camino para que resuciten todos los hombres y mujeres».

Salmo en busca del sentido de la vida

Señor Jesús, no quiero una vida que se apoye desde fuera.

No quiero muletas que no me dejen ir lejos.

No quiero soportes que no aguanten mi libertad.

No quiero parches para mi camino, ni caretas para mis problemas.

No quiero manos que me empujen, ni que den cuerda a mi fracaso.

No quiero quedarme en la cáscara de las cosas mientras mi corazón se muere de hambre.

No quiero optar por la muerte, por la destrucción, por las cosas que se acaban, por el humo de pajas.

No quiero vivir desde la superficie, desde la piel.

No quiero ser vida vacía, vida gastada.

Señor Jesús: ¡quiero vivir con fuerza y desde dentro!

Señor Jesús, quiero pedirte fuerza para optar.

Fuerza para optar como persona, como hombre.

Fuerza para optar por una fe recia en ti;

para optar por la comunidad en que vivo.

Fuerza para optar por un proyecto de vida;

para optar por los necesitados de ayuda.

Fuerza para optar por una vida sin término;

para optar y vivir siempre decidido a comenzar de nuevo.

www.pastoralsj.org

MUROS DE LUZ: ABRAHÁN Y SARA EN MAMBRÉ

» **La iglesia de Santa María del Alba, en Tàrrega (Lleida), está decorada con pinturas murales de J. Minguell que muestran la historia bíblica desde la Creación hasta la resurrección de Jesús. El artista ha plasmado diversas escenas referidas a la Alianza de Abrahán con Dios.**

Abrahán es un hombre de fe, siempre atento al paso de Dios por su vida. Abrahán acoge a los tres peregrinos y hace todo lo posible para que sean atendidos con hospitalidad, como auténticos enviados de Dios. El paso de los tres peregrinos por la vida de Abrahán y Sara es un paso fecundo. La pareja recibe el anuncio de un hijo que colmará su fe en la promesa divina.

El Señor se apareció a Abrahán junto a la **encina de Mambré,** mientras él estaba sentado a la puerta de la tienda en lo más caluroso del día. Alzó la vista y vio **tres hombres** frente a él. Al verlos, corrió a su encuentro desde la puerta de la tienda, se postró en tierra, y dijo: «Señor mío, si he alcanzado tu favor, no pases de largo junto a tu siervo. Haré que traigan agua para que os lavéis los pies y descanséis junto al árbol. Mientras, traeré **un bocado de pan** para que recobréis las fuerzas antes de seguir, ya que habéis pasado junto a la casa de vuestro siervo». Contestaron: «Bueno, haz lo que dices».

Abrahán entró corriendo en **la tienda** donde estaba **Sara,** y le dijo: «Aprisa, prepara tres cuartillos de flor de harina, amásalos y haz unas tortas». Abrahán corrió enseguida a la **vacada,** escogió un ternero hermoso y se lo dio a un criado para que lo guisase de inmediato. Tomó también cuajada, leche y el ternero guisado y se lo sirvió. Mientras él estaba bajo el árbol, ellos comían.

Después le dijeron: «¿Dónde está Sara, tu mujer?». Contestó: «Aquí, en la tienda». Y uno añadió: «Cuando yo vuelva a verte, dentro del tiempo de costumbre, Sara habrá tenido un hijo».

Gn 18, 1-10

- Localiza en la pintura la representación de las palabras en negrita del texto bíblico.
- Busca la cita bíblica (Gn 18, 11-15) y argumenta por qué era difícil que Sara tuviera un hijo.
- Investiga cómo se llaman los hijos de Abrahán y explica qué relación tienen, según la tradición, el hijo mayor con el islam y el hijo menor con el judaísmo.

- Explica el significado del cielo estrellado que aparece en el fresco. Ayúdate con la cita Gn 15, 1-6.
- Recuerda la última vez que contemplaste en silencio el cielo estrellado y expresa tus sentimientos.

SÍNTESIS

- Para resumir la unidad, traza tu propio mapa mental. Aquí tienes un ejemplo que puedes completar.

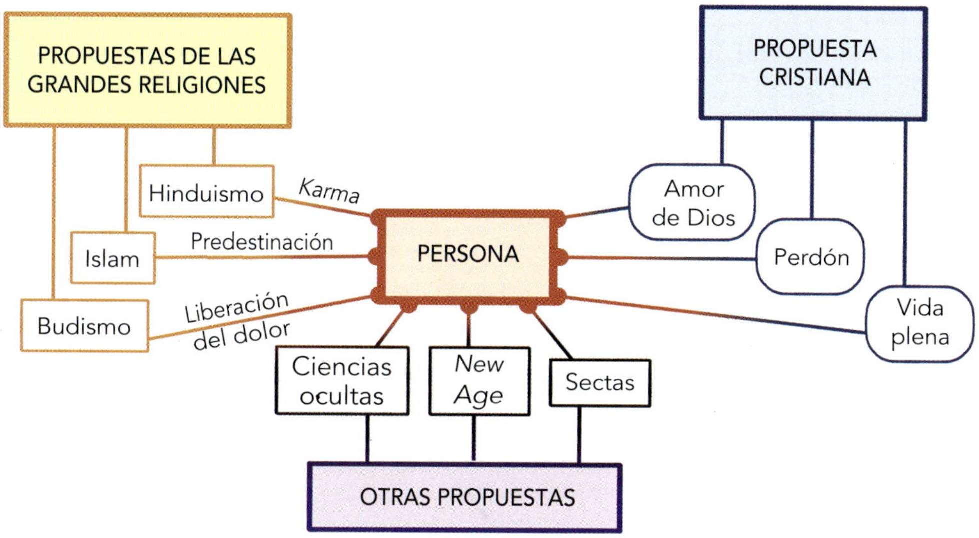

ASÍ DIJO...

...Rabindranath Tagore

(1861-1941)

Cada criatura, al nacer, nos trae el mensaje de que Dios todavía no pierde la esperanza en los hombres.

¿Quieres saber más sobre este personaje? (pág. 98)

EVALUACIÓN COMPETENCIAL

1. Después de leer el texto de la curación de Bartimeo, responde a las preguntas.

a) Por lo que deduces de la escena, ¿qué consecuencias debía tener en la sociedad de aquel tiempo padecer una enfermedad como la ceguera?

b) ¿Por qué crees que le mandan callar?

c) ¿Qué es lo que pide en primer lugar el ciego? ¿Y qué pide cuando Jesús se lo pregunta?

d) ¿Con qué gestos reacciona a la llamada de Jesús? ¿Qué interpretación puedes dar al cambio que experimenta: de estar sentado y sin derecho a hablar a ponerse entre la gente, junto a Jesús, y hablar con él?

e) Según Jesús, ¿qué es lo que ha curado al ciego?

f) ¿Cuál es la reacción del ciego al recobrar la vista?

2. Identifica en este texto las siguientes acciones de Jesús:

- Ofrece confianza.
- Afianza la fe del enfermo.
- No se limita a curar la enfermedad.
- Mejora la situación social del enfermo.
- Transforma el sufrimiento en felicidad.
- Cambia la vida de las personas.

Al llegar Jesús con sus discípulos y bastante gente a Jericó, un mendigo ciego, llamado Bartimeo, estaba sentado al borde del camino pidiendo limosna. Al oír que pasaba Jesús de Nazaret, empezó a gritar:

—Hijo de David, Jesús, ten compasión de mí.

Muchos lo increpaban para que se callara. Pero él gritaba más:

—Hijo de David, ten compasión de mí.

Jesús se detuvo y dijo:

—Llamadlo.

Llamaron al ciego, diciéndole:

—Ánimo, levántate, que te llama.

Soltó el manto, dio un salto y se acercó a Jesús. Jesús le dijo:

—¿Qué quieres que te haga?

El ciego le contestó:

—Maestro, que vea.

Jesús le dijo:

—Anda, tu fe te ha salvado.

Y al momento recobró la vista y lo seguía por el camino.

Mc 10, 46-52

EXPLORADORES DE LA CULTURA

Cultura cristiana e islam en diálogo

El libro sagrado del islam es el **Corán.** El Corán se escribió varios siglos después de que se redactara el último libro de la **Biblia**. Para los fieles musulmanes, **Alá** se reveló al profeta **Mahoma** a través del arcángel Gabriel. El profeta fue escribiendo estas revelaciones a lo largo de su vida. A su muerte, en el 632, sus seguidores las recopilaron y las organizaron en forma de libro.

En el **Corán** se mencionan personajes de la **Biblia,** tanto del Antiguo como del Nuevo Testamento. Así, Adán, Noé, Abrahán, Moisés, Juan Bautista, María de Nazaret y el propio Jesús aparecen en ambos libros sagrados.

El arcángel Gabriel se aparece a Mahoma. Miniatura persa del siglo xv.

Según el Corán, Alá pidió en un sueño a **Abrahán** (*Ibrahim* en árabe) que sacrificara a su hijo. En este caso, la víctima era **Ismael,** el hijo de su unión con la esclava Agar y hermano de Isaac. Cuando estaba a punto de sacrificar al niño, el patriarca recibió la orden de Dios de sustituirlo por un cordero. De este modo, Abrahán demostró su absoluta sumisión a la voluntad de Dios.

Para conmemorar este hecho, los musulmanes celebran la **fiesta del cordero,** conocida también como «fiesta del sacrificio».

Con motivo de esta celebración, los musulmanes peregrinan a **La Meca** y visitan la Kaaba y los lugares santos. Los que no tienen la posibilidad de viajar, celebran la fiesta en sus casas; participan en la oración de la mezquita y después preparan un banquete al que invitan a la familia y a los amigos.

Peregrinos musulmanes alrededor de la Kaaba, en La Meca (Arabia).

Junto a Abrahán, **Moisés** es considerado por el islam uno de los profetas más importantes del monoteísmo en el período anterior a Mahoma. En el Corán se hallan muchos fragmentos literales del texto bíblico relacionados con Moisés.

Jesús (*Isa* en árabe) es considerado por el islam un **escogido por Dios** para propagar el mensaje del monoteísmo y la sumisión a la voluntad de Dios entre los hijos de Israel.

En el Corán encontramos referencias a la Anunciación del arcángel Gabriel a María y su Concepción virginal.

No se reconoce la divinidad de Jesús, ya que, para el Corán, su misión es **anunciar la llegada de Mahoma,** el último profeta. Tampoco se acepta su muerte en la cruz ni su Resurrección, sino que creen que ascendió al cielo y regresará en el Juicio Final. En las alusiones del Corán a la vida de Jesús, se constata la influencia de los **evangelios apócrifos.**

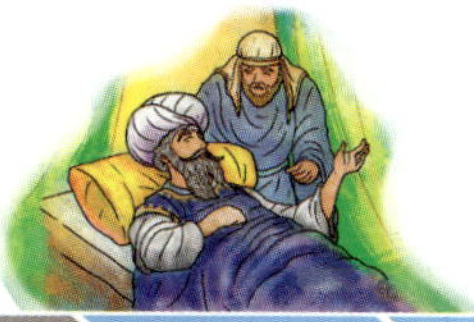

Beato Raimundo Lulio
Siglos XIII-XIV

Filósofo cristiano, místico, matemático, poeta, novelista... **Raimundo Lulio** fue un escritor excepcional y polifacético.

Nació hacia el año 1232 en la isla de Mallorca, una encrucijada de las **tres culturas:** cristiana, islámica y judía.

En su juventud fue un hombre de corte que compaginaba diversos cargos de relevancia con las fiestas y banquetes palaciegos. A los 30 años su vida dio un vuelco trascendental a causa de una **experiencia religiosa** muy intensa e ingresó en la orden terciaria franciscana.

Aprendió latín, gramática y filosofía, tanto árabe como judía y cristiana, convencido de la importancia de conocer la cultura y el pensamiento de los creyentes de otras religiones.

Emprendió numerosos viajes por Europa y el Mediterráneo. **Predicaba** frente a las mezquitas y las sinagogas. Murió en el año 1315 cuando regresaba de un viaje a Túnez.

Entre 1274 y 1276 escribió el *Libro del Gentil y los tres sabios,* donde expone mediante el diálogo de estos personajes los principios del **cristianismo,** del **judaísmo** y del **islam.**

Por disposición divina sucedió que, en cierto país, hubo un Gentil muy sabio en filosofía, y meditó en su vejez, en la muerte y en las felicidades de este mundo. Aquel Gentil no conocía a Dios, ni creía en la resurrección, ni en que él fuera a ser algo después de su muerte. Mientras meditaba, sus ojos se anegaron en lágrimas y llantos, y su corazón en suspiros, tristeza y dolor, porque después de la muerte no iba a ser nada. No podía consolarse, ni dejar de llorar, ni arrancar del corazón esa tristeza. Estando así tuvo la corazonada de marcharse al bosque por si podía encontrar remedio a su dolor.

Mientras tanto, tres sabios se toparon a la salida de una ciudad. Uno era judío, el otro cristiano y el otro musulmán. Al encontrarse, se saludaron, se acogieron agradablemente y se acompañaron; y cada uno preguntó al otro por su vida, su salud y su voluntad.

Hablando cada uno de sus creencias y del saber que enseñaba a sus discípulos, fueron a parar al bosque por donde caminaba el Gentil y estuvieron en un hermoso prado donde había una fuente. Llegó también una hermosa doncella que abrevaba su caballo en la fuente. Los sabios le preguntaron su nombre y ella les dijo que era la Inteligencia.

Raimundo Lulio, *Libro del Gentil y los tres sabios*

Consulta la definición de «gentil» y de «alegoría» en el anexo.

ACTIVIDADES

1. Lee Gn 22, 2-3.9-13 y compara la narración del sacrificio de Abrahán en la Biblia y en el Corán. Investiga cuándo celebran los musulmanes la próxima fiesta del cordero.
2. Responde a partir del fragmento de *Libro del Gentil y los tres sabios,* de Raimundo Lulio:
   a) Explica la diferencia entre el Gentil y los tres sabios.
   b) ¿A qué se debe la tristeza del Gentil?
   c) ¿Qué religiones representan los sabios?
   d) ¿En qué actitudes se basa su relación?
   e) ¿Crees que es importante la inteligencia en el diálogo interreligioso?
   f) Formad grupos de cinco e imaginad el diálogo entre los cinco protagonistas de esta escena.

3

LAS PERSONAS SON LIBRES DE COLABORAR CON DIOS

¿Por qué a veces las personas se equivocan?

A menudo nos damos cuenta de que algo que hemos hecho ha causado daño a otras personas, y en estos casos podemos plantearnos preguntas como estas: ¿Por qué a veces no hago lo que sé que debería hacer? ¿Por qué no tengo en cuenta las consecuencias de mis acciones en los demás? ¿Puede Dios ayudarme de alguna forma a reconocer mis errores y a aprender a combatirlos?

1. ¿Qué ocurre cuando se prescinde de Dios?
2. El pecado es una ruptura con Dios y con los demás
3. Estamos llamados a colaborar con Dios

MUROS DE LUZ: CAÍN Y ABEL

RUTINA DE PENSAMIENTO
PRINCIPIO, MEDIO, FINAL

- Una misma imagen cambia de significado según forme parte del principio, del nudo o del desenlace del relato. Elige si esta imagen de presentación de la unidad formará parte del principio, del nudo o del desenlace de tu narración.
- Redacta un texto en el que se refleje tu elección.
- Formad grupos de tres en los que uno haya usado la imagen para el principio, otro para el nudo y el tercero para el desenlace de su narración. Ponedlas en común.

1. ¿QUÉ OCURRE CUANDO SE PRESCINDE DE DIOS?

EL SEÑOR DE LOS ANILLOS

Prólogo a la famosa trilogía de Tolkien, con referencias a los orígenes míticos del mal.

http://links.edebe.com/civq

ALGO + QUE MIRAR...

- ¿Encuentras algún punto en común entre este prólogo y los relatos del Génesis? ¿A qué atribuye Tolkien el origen del mal?
- Explica con tus palabras la relación entre historia, leyenda y mito que aparece en este fragmento.

» **El ser humano tiene ansia de infinito. Esa aspiración la recoge la antropología cristiana, basándose en el libro del Génesis, cuando afirma que cada una de las personas es imagen de Dios. Pero en ese mismo libro del Antiguo Testamento, poco después del relato de la Creación, aparece esa imagen de Dios rota, con un proyecto truncado a causa del pecado.**

1.1. INTERPRETAMOS EL RELATO DEL PECADO DE ADÁN Y EVA

El capítulo 3 del Génesis recoge el relato de la desobediencia de Adán y Eva y su expulsión del Paraíso. Es importante que nos situemos adecuadamente para saber **interpretar** un relato como este, tanto por su contenido como por su forma. Te invitamos a que lo leas antes de continuar para que puedas comprender las claves que te daremos a continuación.

Se trata de todo el **capítulo 3 del Génesis** (Gn 3, 1-24). Puedes leerlo o escucharlo en la pantalla correspondiente del CD «Muros de luz» (primera bóveda).

El árbol de la vida

A pesar de que no aparece en Gn 3 hasta el final del capítulo, este árbol, situado en el centro del jardín, representa la **vida en plenitud** a la que están llamados el hombre y la mujer. Pero esa vida plena solo puede ser alcanzada en comunión con Dios y con su ayuda.

Estos dos árboles son símbolos de los **dos anhelos** que marcan la existencia humana:

- El deseo de **ser** y de **vivir.**
- El deseo de **saber** y de **poder.**

El árbol del conocimiento del bien y del mal

Es el árbol objeto de **prohibición.** Representa el conocimiento práctico; en definitiva, el **poder.**

La serpiente

Es quien pronuncia las palabras de la **tentación.** Es la criatura de Dios más astuta (Gn 3, 1).

La tentación

«El día en que comáis de él, se os abrirán los ojos y seréis como Dios en el conocimiento del bien y del mal» (Gn 3, 5). Adán y Eva deben realizar una elección decisiva sobre algo que está inscrito en el centro de la existencia humana: el **deseo de ser «como Dios».** Pueden alcanzar el **poder** y el **conocimiento,** satisfaciendo así su deseo. Ese es el objetivo, lo que se desea. Lo que está en juego es cómo conseguirlo: **con Dios** (tomando ese objetivo como una vocación, como una llamada, y reconociendo que es necesaria su ayuda y su gracia para conseguirlo) o **sin Dios** (asumiendo que ser «como Dios» es algo que puede lograrse sin el mismo Dios).

El pecado

En Gn 3, 6, la mujer sucumbe a la tentación y, a su vez, se convierte en tentadora. El hombre también desobedece el mandato de Dios y, de esta manera, es **el ser humano en su unidad** (aquellos que habían sido «una sola carne») quien peca. En esta falta encontramos, en esencia, lo que caracteriza a todo pecado: **querer ser, poder, decidir, afirmarse... sin Dios y sin su gracia,** desplazando de la propia existencia al autor de esta misma existencia.

Las consecuencias

A partir de Gn 3, 6, se sucede la exposición de las consecuencias que tiene la **desobediencia** del hombre y de la mujer:

- Gn 3, 7: Se les abren los ojos, pero no para conocerlo todo, que era lo que había prometido la serpiente, sino solo para **descubrir «que estaban desnudos».**
- Gn 3, 8-10: Al oír a Dios, creador, compañero en el Paraíso y único interlocutor del ser humano, la reacción es huir. Esta es la **primera ruptura,** origen de las que vendrán a continuación. El hombre y la mujer no soportan la cercanía de Dios.
- Gn 3, 11-13: Adán, que ha desobedecido, no reconoce su culpa y trata de trasladársela a Eva, que, a su vez, hace caer la responsabilidad en la serpiente, un ser impersonal. Los culpables **se exculpan.** La ruptura con Dios inaugura la **ruptura entre las personas** y la **ruptura del ser humano con el resto de la Creación.**
- Gn 3, 14-19: Estos versículos recogen la **sentencia de Dios.** Si nos fijamos, vemos que esta no modifica la realidad sino, curiosamente, la **percepción** que de la misma tiene el ser humano. Por ejemplo: la mujer espera la maternidad con cierto miedo al dolor, el amor entre ella y el hombre se vuelve deseo, el trabajo se percibe como algo fatigoso, etc.
- Gn 3, 22-23: El hombre y la mujer son **expulsados del Paraíso,** perdiendo la posibilidad de acceder por sí mismos al árbol de la vida. Ahora queda claro que **la vida en plenitud solo puede ser alcanzada con la ayuda de Dios.**

ACTIVIDADES

1. Teniendo en cuenta lo que has leído en el texto bíblico (Gn 3, 1-24), responde a estas preguntas:

a) ¿Qué querían conseguir Adán y Eva al comer el fruto? ¿Lo consiguen? ¿Cómo lo deduces?

b) Enumera los detalles del relato en los que percibas que el pecado consiste en alejarse de Dios.

c) ¿Qué crees que representa la serpiente? Explícalo con tus palabras, no te quedes con conceptos abstractos como «tentación».

2. Por parejas, recordad alguna ocasión en la que los responsables de una mala acción se exculparan y acusaran a otros de sus actos. Si no se os ocurre, inventad una historia creíble. ¿Creéis que ocurre a menudo? ¿Por qué?

2. EL PECADO ES UNA RUPTURA CON DIOS Y CON LOS DEMÁS

«EL HOMBRE SE CREE DIOS»

Homilía del Papa Francisco en la fiesta de Todos los Santos.

http://links.edebe.com/3kr

ALGO + QUE LEER...

- En grupo, identificad las tres partes de esta homilía (devastación, víctimas y esperanza).
- Ilustrad cada parte para una presentación multimedia.

» **La interpretación del relato bíblico de Adán y Eva nos permite sacar conclusiones, ya que está escrito para caracterizar un aspecto de la conducta humana de todos los tiempos: las ocasiones en que las personas actúan erróneamente, algo que en lenguaje religioso se llama 'el pecado'.**

2.1. LA RUPTURA CON DIOS Y CON LOS DEMÁS

Así pues, tras conocer e interpretar el relato bíblico del pecado de Adán y Eva, ¿cómo podemos explicar lo que es el pecado? Vayamos paso a paso a partir de lo que nos ha mostrado el relato.

a) Hemos sido creados por Dios y llamados por Él a ser en plenitud.

Todos deseamos ser, saber, poder... Pero ese deseo es una **vocación,** es decir, una **llamada de Dios,** que nos ha creado libres, iguales a los otros seres humanos y capaces de cuidar de todo lo creado.

b) Somos libres, auténticos interlocutores de Dios.

Cada persona responde con su vida a esa llamada de Dios. Solo nosotros **podemos decir sí o no a sus palabras.** Reconocer a Dios como interlocutor significa reconocer que debo observar sus mandatos y su proyecto para mi vida y para la Creación.

c) El pecado consiste en querer ser como Dios, pero sin Dios.

Esa es la tentación y el pecado. Sucumbir a la oferta de ser lo que estoy llamado a ser pero **sin contar con Dios.** Acaparar el poder de Dios, desplazándolo del centro de las propias decisiones.

d) Vivir sin Dios es romper con Dios y, en consecuencia, con los demás.

Cuando nos colocamos en el lugar de Dios, provocamos una **ruptura con Él.** Ya no lo vemos como el Creador que nos ha llamado a la existencia, sino como un obstáculo para la autoafirmación. Además, si yo soy «como Dios», los demás ya no son mis iguales, y las relaciones interpersonales se contaminan con **sentimientos disgregadores,** como la envidia, la vergüenza y el desprecio.

El pecado, en definitiva, supone **rechazar la presencia de Dios en la vida,** no aceptar su gracia para llegar a la plenitud que supone ser «imagen de Dios».

NOTICIAS DIVERSAS

a) Los alimentos bajo especulación:
http://links.edebe.com/9ti

b) Manipulación de la vida:
http://links.edebe.com/jev653

c) Imágenes sobre los naufragios de africanos en el Mediterráneo:
http://links.edebe.com/sa29y

d) Manipulación de la información:
http://links.edebe.com/nea

e) La guerra como «voluntad de Dios»:
http://links.edebe.com/spedxy

f) La economía al servicio de unos pocos:
http://links.edebe.com/3s2n3

g) Salir de la crisis exportando armas:
http://links.edebe.com/yiud

ACTIVIDADES

3. **Trabajo cooperativo:** En grupos de siete, buscad las noticias del margen. Argumentad por qué presentan situaciones de pecado.
   — En estas noticias ¿en qué se nota que Dios ha sido desplazado o rechazado?

3. ESTAMOS LLAMADOS A COLABORAR CON DIOS

» **No podemos quedarnos solo con la idea de que a veces fallamos. Las personas estamos capacitadas para reaccionar ante nuestros errores y para reconocer cuál es la respuesta que podemos dar a la llamada de Dios.**

3.1. DIOS LLAMA A COLABORAR CON SU PROYECTO

El relato del pecado que aparece en Gn 3 terminaba con la expulsión de Adán y Eva del Paraíso. Hemos visto que la sentencia de Dios no modifica la realidad, sino la percepción que tienen el hombre y la mujer. Por el hecho de haber fallado, los seres humanos **no han dejado de ser imagen de Dios;** lo que ha cambiado es que ahora saben que para llegar a ser personas en plenitud, **imágenes fieles de Dios,** deben **contar con Él.**

Podemos decir, pues, que hay esperanza y que la historia continúa siendo lo que era cuando comenzó con la Creación: una **historia de amor y de salvación.** Es el ser humano el que debe **rectificar** su actuación de pecado y contar con Dios para llevar a cabo su proyecto. ¿Qué puede hacer la persona para ello?

- **Reconocer su vocación, sabiéndose llamada.** Hemos sido llamados a la vida por Dios, nuestra existencia procede de Él y nos sigue lamando a ser felices.
- **Conocer esa vocación, el proyecto de Dios.** El relato de la Creación, previo a la narración del pecado de Adán y Eva, describe cuál es el proyecto de Dios para los seres humanos: un mundo de personas creadas por amor, libres, dignas, encargadas de cuidar con respeto de todo lo creado y, lo más importante, llamadas a la comunión con los otros seres humanos y con Dios. Por esa comunión con los demás y con Dios, todas las personas serán «como Dios», es decir, «imagen de Dios».
- **Responder y ponerse al servicio del Reino.** Toda llamada exige una respuesta, y nosotros somos seres responsables, capaces de responder ante Dios y ante los demás a través de nuestra vida, de nuestras palabras y de nuestros actos. Quien ha mostrado el proyecto de Dios para el ser humano, y cómo responder a ese proyecto, es **Jesucristo,** Hijo de Dios y auténtica imagen de Dios.

Responder a Dios es creer en Él

Quien quiera creer necesita un corazón atento. Dios busca de muchas maneras establecer contacto con nosotros. En cada encuentro humano, en cada experiencia conmovedora de la naturaleza, en cada aparente casualidad, en cada reto, en cada dolor, está escondido un mensaje de Dios para nosotros. De manera más clara aún nos habla cuando se dirige a nosotros en su Palabra o en la voz de la conciencia.

Youcat, 20

ACTIVIDADES

4. Busca en los Evangelios las siguientes citas y explica con tus palabras la diferencia entre la situación de rechazo de Dios, de pecado o de duda y la acogida de Dios y de su mensaje por parte de la persona protagonista:

a) Lc 19, 1-10: Zaqueo.

b) Lc 7, 36-50: La mujer pecadora.

c) Jn 20, 19-29: Tomás.

d) Lc 15, 11-32: El hijo pródigo.

e) Mc 2, 1-12: El paralítico.

5. Retoma la homilía del Papa Francisco que has buscado en la página 32:

<http://links.edebe.com/3kr>

a) Lee la tercera parte. ¿Qué papel juegan las Bienaventuranzas en ese deseo de ser «semejantes a Dios»?

b) Busca el texto de las Bienaventuranzas: Mt 5, 3-12.

c) Cópialas en tu cuaderno y añade otras dos, inventadas por ti, en las que reflejes situaciones de tu vida cotidiana que muestren quiénes son, a tu juicio, dichosos por el hecho de acoger a Dios.

http://links.edebe.com/b7hym3

Capítulo de dibujos animados donde se narra la historia de Caín y Abel.

» El Génesis, el primer libro de la Biblia, describe el pecado original de Adán y Eva, y a continuación reflexiona sobre el origen del mal mediante el relato de Caín y Abel, hijos de Adán y Eva.

En esta narración, de fuerte carga simbólica y dramática, Caín mata a su hermano Abel por envidia. El asesinato de un inocente se puede interpretar como una premonición de lo que le sucederá a Jesucristo.

Relato bíblico: Gn 4, 2b-16

Abel era pastor de ovejas y Caín cultivaba la tierra. Pasado un tiempo, Caín ofreció al Señor dones de los frutos de la tierra; también Abel ofreció las primicias y la grasa de sus ovejas.

El Señor se fijó en Abel y en su ofrenda, pero no se fijó en Caín ni en su ofrenda; Caín se enfureció y andaba abatido. El Señor dijo a Caín: «¿Por qué te enfureces y andas abatido? ¿No estarías animado si obraras bien?; pero, si no obras bien, el pecado acecha a la puerta y te codicia, aunque tú podrás dominarlo».

Caín dijo a su hermano Abel: «Vamos al campo». Y, cuando estaban en el campo, Caín atacó a su hermano Abel y lo mató.

El Señor dijo a Caín: «¿Dónde está Abel, tu hermano?». Respondió Caín: «No sé, ¿soy yo el guardián de mi hermano?».

El Señor le replicó: «¿Qué has hecho? La sangre de tu hermano me está gritando desde el suelo. Por eso te maldice ese suelo que ha abierto sus fauces para recibir de tus manos la sangre de tu hermano. Cuando cultives el suelo, no volverá a darte sus productos. Andarás errante y perdido por la tierra». Caín contestó al Señor: «Mi culpa es demasiado grande para soportarla. Puesto que me expulsas hoy de este suelo, tendré que ocultarme de ti, andar errante y perdido por la tierra y cualquiera que me encuentre me matará».

El Señor le dijo: «El que mate a Caín lo pagará siete veces». Y el Señor puso una señal a Caín para que, si alguien lo encontraba, no lo matase. Caín salió de la presencia del Señor y habitó en Nod, al este de Edén.

- Observa la pintura y describe los sentimientos que te provoca cada una de las siguientes secciones:
  — La postura y el gesto de Caín.
  — La silueta que forma la sangre de Abel.
- Relaciona el sentimiento que te provocan con el significado de cada uno de estos elementos.
- Fíjate en lo que dice Dios al final de la escena y relaciónalo con el debate sobre la prohibición de la pena de muerte.

- Para resumir la unidad, traza tu propio mapa mental. Aquí tienes un ejemplo que puedes completar.

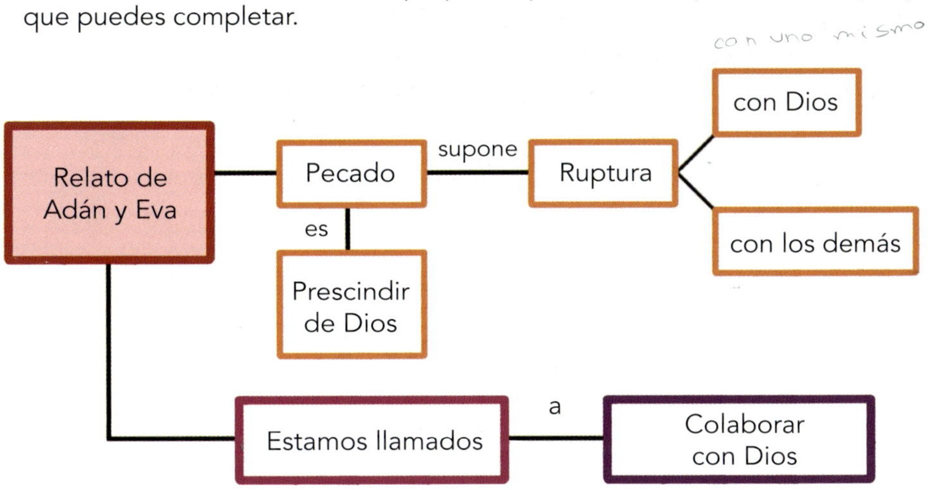

ASÍ DIJO...

...San Juan María Vianney
(1786-1859)

Después de una caída, ¡hay que levantarse inmediatamente de nuevo! No hay que dejar ni un momento el pecado en el corazón.

¿Quieres saber más sobre este personaje? (pág. 98)

EVALUACIÓN COMPETENCIAL

Desde que se inventaron, los ordenadores no han hecho más que evolucionar, ampliar sus posibilidades y facilitarnos la vida. Pero a través de ellos también se propagan los llamados *malware:* virus, «gusanos» y otros tipos de *software* malignos que se cuelan en nuestros sistemas dañándolos y distorsionando tanto el contenido como el funcionamiento de nuestras computadoras.

Pero, ¿qué tienen que ver los ordenadores con el pecado? Cada persona guarda en sí un sinfín de posibilidades, pero también hemos dejado que calen en nosotros actitudes que han distorsionado lo que estamos llamados a ser.

1. Fíjate en esta tabla y completa la última columna con otras actitudes que te sugiera cada tipo de *malware.*

Tipos de *malware*	Forma de actuar y efectos del *malware*	Actitudes de pecado
Spyware	Recopila información del infectado.	El cotilleo, la crítica destructiva…
Rogueware	Actúa como un falso antivirus que requiere un pago para «limpiar» nuestro equipo.	Dejarme llevar por la publicidad, que me promete tener más belleza, más éxito, ser mejor que los demás…
Backdoors	Atacan a otros equipos.	Causar mal a otras personas, hacerles daño…

Pero cuando un *malware* infecta un ordenador, siempre queda la posibilidad de formatearlo, de reinstalar de nuevo el *software* y de mantenerlo protegido con un buen *anti-malware.*

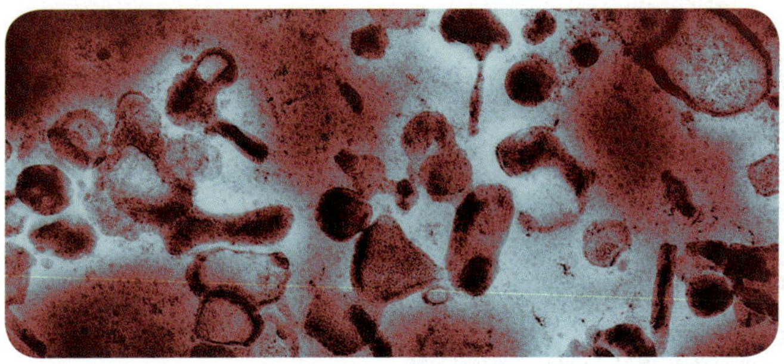

2. Responde a estas preguntas, que tienen un sentido metafórico:

a) ¿Qué *malware* crees que pueden afectar más a los chicos y chicas de tu edad?

b) ¿Qué programas o capacidades positivas crees que están instalados en las personas pero muchas de ellas hace tiempo que no los actualizan?

c) ¿Qué «publicadores» crees que son tan fiables como para permitirles realizar cambios en el propio equipo?

d) A una persona que quiera reiniciar su equipo, ya limpio de *malware,* ¿qué le dirías respecto a los archivos que debería guardar para que no se perdieran?

e) ¿Quién crees que te proporciona el mejor *anti-malware* para la vida? ¿Qué se puede hacer para tener protección en tiempo real? ¿En qué medida crees que Dios puede ser un buen *anti-malware*?

4

EL ENCUENTRO CON JESÚS TRANSFORMA

¿Podemos cambiar de actitud?

¿Puedo asumir nuevas conductas que me hagan sentir feliz o que sean más favorables para mí? ¿Quién me ayudaría? Un encuentro personal con Jesús puede producir este cambio y llevar a la conversión.

El encuentro con Jesucristo transforma a la persona que lo vive. Jesús ama y acepta completamente al otro, sin ningún juicio ni reproche, y esto no deja indiferente, sino que mueve a un cambio, a una transformación.

En esta unidad analizaremos el encuentro personal de Zaqueo, Nicodemo, María Magdalena y Pablo de Tarso con Jesús. Este encuentro les cambia la vida.

1. ¿Las personas pueden cambiar?
2. Zaqueo cena con Jesús y deja de ser estafador
3. Nicodemo sale al encuentro de Jesús
4. Jesús resucitado sorprende a María Magdalena
5. Pablo de Tarso escucha a Jesús y cambia de actitud

APRENDE A... ANALIZAR UNA PINTURA

RP

RUTINA DE PENSAMIENTO
EL TITULAR

- Escribe un titular que exprese la esencia de la imagen.
- Poned en común los titulares y cread una lista con todos ellos.
- Comentad el sentido de cada uno, el aspecto que resalta mejor, los que se echan de menos...
- Propón un nuevo titular a partir de lo que habéis comentado.
- Reflexiona sobre cómo ha cambiado tu titular a partir de la puesta en común.

1. ¿LAS PERSONAS PUEDEN CAMBIAR?

U2:

«The Miracle».

Del álbum
The Songs of Innocence, de 2014.

Puedes ver el videoclip en:

http://links.edebe.com/r5mpt

ALGO + QUE OÍR...

- Busca la letra de la canción, tradúcela y anota los versos en los que el compositor dice que su vida ha cambiado.
- Coméntalos con los compañeros.

» **Jesús es Dios que se hace hombre porque quiere encontrarse con las personas y mostrarles su amor. Este encuentro hace cambiar a quien lo vive.**

1.1. JESÚS SALE AL ENCUENTRO DE LA HUMANIDAD

Encontrarse con otra persona implica situarse frente a ella. Supone **salir de uno mismo** para ponerse a disposición del otro. En el encuentro personal se establece una relación de amistad en la que cada uno se da a la otra persona y comunica aquello que es, siente y vive. Quien experimenta un **encuentro personal,** no se queda indiferente.

Jesús, a lo largo de la vida y tras su Resurrección, se encuentra con diversas personas a las que **comunica** su fe, su amor y su esperanza. Los Evangelios nos muestran cómo estos encuentros personales **marcan de forma definitiva** la vida de esas personas:

- Marta y María (Jn 11, 1-44)
- El ciego Bartimeo (Mc 10, 46-52)
- La hemorroísa (Mc 5, 25-34)
- Dimas, el buen ladrón (Lc 23, 39-43)
- La samaritana (Jn 4, 1-30)
- El leproso agradecido (Lc 17,11-19)

Jesús cura sus enfermedades, como a la hemorroísa o al ciego Bartimeo; los libera de la culpa, como a la adúltera; los acompaña en su soledad, como a Marta y María de Betania; los rescata de sus ambiciones y de sus desconfianzas, como a Dimas, el buen ladrón; sana sus miedos...

En el mundo bíblico el pozo es un lugar de encuentro. Isaac y Jacob se encuentran con sus futuras esposas junto al pozo.

Todos ellos se sienten perdonados y amados en su pobreza y, a partir de ese encuentro, viven como **personas nuevas.**

ACTIVIDADES

1. Explica el significado del dibujo. Justifica si se trata o no de un encuentro personal que transforma.

2. Di por qué, para que se produzca un encuentro personal, es mejor:

— Escuchar en lugar de oír.

— Mirar en lugar de ver.

— Explicar en lugar de charlar.

3. Trabajo cooperativo: En grupos de seis, repartíos las lecturas de los encuentros de Jesús que aparecen en esta página y después realizad la técnica del **folio giratorio.**

— Cada compañero elige a un personaje, resume la cita bíblica en la que se narra su encuentro con Jesús y reflexiona sobre cómo le cambia la vida al personaje.

— Sentaos los seis alrededor de una mesa y rellenad por turnos un folio con el resultado de vuestra reflexión.

— Intercambiad los folios con otros grupos para poner en común las conclusiones.

2. ZAQUEO CENA CON JESÚS Y DEJA DE SER ESTAFADOR

» **Cuando una persona se encuentra con otra, baja sus defensas. Entonces es mucho más sensible al amor o al reproche del otro. En el encuentro con Jesús, solo se recibe amor, y eso transforma.**

2.1. ZAQUEO SE SIENTE AMADO DE FORMA GRATUITA

- **Zaqueo: el publicano estafador**

  Zaqueo (Lc 19, 1-10) es un hombre rico que trabaja como recaudador de impuestos para los romanos y se queda parte del dinero para él. Por eso es visto como un **pecador** y es **marginado** por la sociedad judía.

- **El encuentro**

  Anhela ver a Jesús, que pasa por Jericó. Como es bajo de estatura, se sube a un árbol, aunque se arriesga a ser objeto de burla de sus conciudadanos. Jesús se detiene ante él y le **llama** por su nombre:

  «Zaqueo, date prisa y baja, porque es necesario que hoy me quede en tu casa».

Zaqueo se siente amado y acoge a Jesús en su casa con una actitud de **pobreza de espíritu** y gratuidad.

- **Y después...**

  El encuentro con Jesús hace que Zaqueo sea consciente de su **dignidad** como persona. Él, que era un estafador, se arrepiente de su actitud y encuentra la **fuerza para cambiar** su forma de vida y devolver el dinero robado.

Zaqueo, de pie, dijo al Señor: «Mira, Señor, la mitad de mis bienes se la doy a los pobres; y si he defraudado a alguno, le restituyo cuatro veces más...».
Jesús le dijo: «Hoy ha sido la salvación de esta casa, pues también este es hijo de Abrahán».

Sabías que...

3 + 4 = 7

- El número **3** representa lo celeste, lo **divino.**
- El número **4** representa lo terrenal, lo **humano.**

Por eso, el **7** simboliza el **encuentro** entre lo divino y lo humano.

ANTES
Zaqueo desea ver a Jesús → Se arriesga

ENCUENTRO
Se siente amado

DESPUÉS
Se arrepiente y cambia de actitud

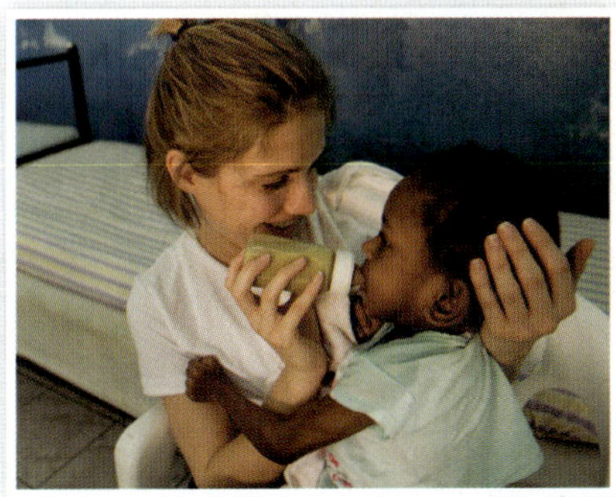

Sentirnos amados nos hace conscientes de nuestra dignidad.

ACTIVIDADES

4. Imagina que Zaqueo vive en el siglo XXI. Explica su historia ambientada hoy en día.

5. Piensa en una situación en la que te sintieras amado o amada sin reproches. ¿Cómo te hizo cambiar de actitud?

6. Analiza el texto del papa Francisco:

a) Explica de qué forma la Iglesia intenta vivir del modo en que Jesús enseñó con su ejemplo.

b) Propón una situación de la vida real en la que se ejemplifique este texto:

La Iglesia tiene que ser lugar de misericordia gratuita donde todo el mundo pueda sentirse acogido, amado, perdonado y alentado a vivir según la vida buena del Evangelio.
PAPA FRANCISCO, *EVANGELII GAUDIUM*, 114

3. NICODEMO SALE AL ENCUENTRO DE JESÚS

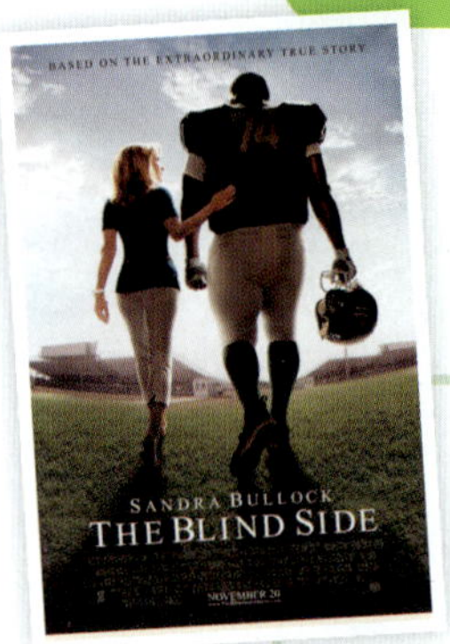

THE BLIND SIDE - UN SUEÑO POSIBLE

Un joven negro sin hogar es acogido por una familia blanca, que le da su apoyo para que pueda triunfar como jugador de fútbol americano y en su vida personal.

ALGO + QUE VER...

- Explica cómo cambia la vida del joven cuando recibe apoyo.
- Enumera situaciones que tú hayas superado gracias al apoyo de otras personas.

Consulta la definición de «fariseo» en el anexo.

» **En algunos casos, como el de Zaqueo, el encuentro con Jesús lleva a un cambio inmediato. En otros, como el de Nicodemo, el encuentro forma parte de un proceso de conversión más dilatado en el tiempo.**

3.1. NICODEMO VIVE UN LENTO PROCESO DE CONVERSIÓN

- **Nicodemo, el docto fariseo**

Nicodemo es un **maestro de la ley,** miembro del Sanedrín, el organismo judío más prestigioso.

Nicodemo toma la iniciativa de hablar con Jesús (Jn 3, 1-21). Ha visto los signos y milagros de Jesús y se acerca a Él con sinceridad y honestidad, creyendo que es un maestro enviado por Dios. Pero no quiere arriesgarse ante la sociedad y va a verle de noche, de forma **clandestina.**

- **El encuentro**

Jesús no hace ninguna alusión a la cobardía de Nicodemo. Le habla de la **salvación.** Le dice:

«El que no nazca de nuevo no puede ver el Reino de Dios».

Nicodemo escucha, pero no comprende lo que Jesús le dice. Él se lo explica:

Salvación según el judaísmo
1. **Ser judío** y estar circuncidado.
2. Salva conocer la **Ley** judía y obedecerla.

→ **Nacer de nuevo** →

Salvación según Jesús
1. No basta con nacer como judío, hay que ser hecho hijo de Dios por el agua y por el **Espíritu Santo.** Los miembros de todos los pueblos pueden salvarse.
2. El Hijo de Dios, Jesucristo, ha venido para morir por la salvación de todos. Salva la **fe** en el Hijo de Dios.

Vivir según la Ley → **Conversión** → **Vivir según el Espíritu Santo**

ANTES
Nicodemo desea ver a Jesús → No se arriesga

ENCUENTRO
Escucha

DESPUÉS
Sigue un proceso de conversión

- **Y después...**

Aparentemente, esa noche Nicodemo cambia poco. Sigue siendo un judío fariseo y nadie sabe que ha hablado con Jesús. Pero está viviendo un **proceso de conversión** que le llevará de vivir según la Ley a **vivir según el Espíritu,** y este proceso es más difícil de observar que el cambio de Zaqueo, por ejemplo.

El cambio en Nicodemo se empieza a notar cuando el Sanedrín quiere condenar a Jesús (Jn 7, 50-51). Entonces Nicodemo defiende a Jesús, aunque de forma tímida, y evita por un tiempo la condena de Jesús.

La conversión de Nicodemo será evidente tras la muerte de Jesús, cuando decide enterrarlo sin importarle que lo vean ni que le relacionen con Él. Además, según la Ley judía, tocar un cuerpo muerto es causa de impureza, y enterrando a Jesús, Nicodemo muestra que **ya no vive según la Ley** sino según el Espíritu.

4. JESÚS RESUCITADO SORPRENDE A MARÍA MAGDALENA

» **María Magdalena ha estado a los pies de la cruz y ha visto morir a Jesús. Está desolada por la muerte del Maestro y solo le queda el consuelo de ungir su cuerpo. No volverá a verle.**

4.1. MARÍA MAGDALENA RECIBE UNA SORPRESA

ANTES

María Magdalena

Afligida	**Sincera**	**Dispuesta**
Se siente **apenada** por la pérdida de Jesús.	**Reconoce** que necesita saber dónde está Jesús.	Su **afán** es encontrar a Jesús, aunque tenga que cargar con el cuerpo.

ENCUENTRO

Jesús resucitado **llama** a María Magdalena.	María Magdalena **reconoce** a Jesús resucitado.

DESPUÉS

María Magdalena

Alegre	**Tiene una misión**	**Obediente**
Siente gran **alegría** por recuperar al Amigo.	**Anuncia** la Buena Noticia de la resurrección de Jesús.	**Cumple** su misión con **ilusión** y avisa a los apóstoles.

María Magdalena ya se había encontrado con Jesús tiempo atrás y había decidido cambiar de vida y seguirle, junto a otras mujeres.

Pero este nuevo encuentro con Jesús es muy **sorprendente** y la llena de una gran alegría (Jn 20, 1.11-18). Jesús resucitado le da la **misión** de anunciar su resurrección.

Sabías que...

Puedes reconocer a María Magdalena en las pinturas por su larga melena o por el frasco de óleo.

ACTIVIDADES

7. Recuerda una situación en la que hayas actuado clandestinamente, como Nicodemo cuando va al encuentro de Jesús, para que tus amigos no lo supieran. Describe cómo te sentiste y por qué no querías que se supiera.
   — Explica cómo te sentiste en otra situación en la que, como Nicodemo al enterrar a Jesús, no te importara que se supiera. ¿Qué cambió en las dos situaciones?
8. Explica en qué se diferencia el concepto de salvación para el judaísmo y para Jesús.
   — ¿Qué dice Jesús que hay que hacer para ir de un tipo de salvación al otro? Usa las palabras de Jesús y las tuyas propias.
9. Lee el texto bíblico del encuentro de Jesús resucitado con María Magdalena y explica en qué momento María reconoce a Jesús. ¿En qué cambia María?
10. Repasa los diversos testimonios narrados en esta unidad y explica qué efectos tiene que Jesús llame a una persona por su nombre. Argumenta por qué se produce este efecto.

5. PABLO DE TARSO ESCUCHA A JESÚS Y CAMBIA DE ACTITUD

PABLO DE TARSO, EL ÚLTIMO VIAJE

El anciano Saulo espera su ejecución. Ha sido sentenciado por sus creencias. Mediante una retrospectiva de su vida, Saulo narra cómo fueron los primeros momentos de los seguidores de Jesús.

http://www.pablodetarso.org

» **Pablo de Tarso era un judío convencido. Tanto que incluso persigue a los cristianos. Hasta que en el camino a Damasco siente que Jesús le pregunta: «¿Por qué me persigues?», y reorienta su vida al servicio de la evangelización.**

5.1. PABLO DE TARSO ES UN JUDÍO CONVENCIDO

Saulo, también llamado Pablo, nace entre el 5 y el 10 d. C. en la ciudad de Tarso de Cilicia (al sur de la actual Turquía), pero pronto va a formarse a Jerusalén. Es un personaje muy polifacético y de amplia cultura:

- **Judío de nacimiento y fariseo:** gran conocedor de la tradición judía. Él mismo se define como:

> Circuncidado a los ocho días, del linaje de Israel, de la tribu de Benjamín, hebreo hijo de hebreos; en cuanto a la Ley, fariseo; en cuanto al celo, perseguidor de la Iglesia; en cuanto a la justicia de la Ley, irreprochable.
>
> Flp 3, 5-6

- **Ciudadano romano:** Pablo es ciudadano romano pese a ser hijo de judíos, así que conoce el latín.
- Influido por la **cultura helénica:** habla griego y conoce la filosofía griega. Pablo está convencido de que los seguidores de Jesús son una desviación y un peligro para el judaísmo. Por eso los **persigue:**

> Saulo se presentó al Sumo Sacerdote, y le pidió cartas para las sinagogas de Damasco, para que si encontraba algunos seguidores del Camino, hombres o mujeres, los pudiera llevar atados a Jerusalén.
>
> Hch 9, 1-2

Consulta la definición de «gentil» en el anexo.

5.2. PABLO SE ENCUENTRA CON JESÚS

Pablo va a Damasco (Hch 22, 3-15) pero, antes de llegar, vive una experiencia sorprendente. Le rodea una luz venida del cielo, cae al suelo, y oye una voz que le dice:

> «Saulo, Saulo, ¿por qué me persigues?». Él respondió: «¿Quién eres, Señor?». Y él: «Yo soy Jesús, a quien tú persigues. Pero levántate, entra en la ciudad y se te dirá lo que debes hacer».

Pablo queda cegado por la luz y tienen que llevarle hasta la ciudad, donde pasa tres días sin comer ni beber. Este tiempo, tres días, puede ser una referencia a los tres días que Jesús estuvo muerto antes de resucitar, para indicar que a partir de ese momento Pablo renace, totalmente trasformado.

Apóstol de los gentiles

Pablo defiende que los hombres y mujeres de cualquier pueblo y cultura pueden ser discípulos de Jesús. Por eso Pablo es conocido como el **apóstol de los gentiles.**

Es una ironía que el que defendía a ultranza las estrictas costumbres judías, sea perseguido por defender que otros no tengan que seguirlas. Así es la conversión: **la persona sigue siendo la misma, pero orienta sus capacidades a Dios.**

5.3. LOS GENTILES RECOGEN EL FRUTO

Después de esta experiencia, Pablo **viaja** por todo el Mediterráneo **predicando** la Buena Noticia de la resurrección de Jesús a todo el que le escuche, sea judío o gentil. En estos viajes, **organiza** la vida de las comunidades de creyentes y, cuando ya no está con ellas, las **acompaña** por medio de múltiples cartas.

La clave del éxito de Pablo está en que es capaz de traducir los conceptos propios del pensamiento y la cultura del judaísmo a la concepción filosófica griega.

11. Analiza el fragmento de la carta de san Pablo a los Gálatas:

> Porque habéis oído hablar de mi pasada conducta anterior en el judaísmo: con qué saña perseguía a la Iglesia de Dios y la asolaba, y aventajaba en el judaísmo a muchos de mi edad y de mi raza como defensor muy celoso de las tradiciones de mis antepasados. Pero, cuando aquel que me escogió desde el seno de mi madre y me llamó por su gracia, se dignó revelar a su Hijo en mí, para que lo anunciara entre los gentiles, no consulté con hombres ni subí a Jerusalén a ver a los apóstoles anteriores a mí, sino que, enseguida, me fui a Arabia.
>
> Gal 1, 12-17

- ¿Cuál dice san Pablo que era su conducta?
- ¿Quién es «aquel que le escogió desde el seno de su madre»? ¿Para qué lo eligió?
- ¿Qué hizo Pablo cuando supo cuál era su misión?
- ¿En qué momento crees que Pablo tenía un mayor sentimiento de plenitud? ¿Antes o después? Justifícalo.

12. Explica la relación entre la formación de Pablo y su predicación a los gentiles, sobre todo a los de origen griego.

13. Forma un equipo junto a dos de tus compañeros y preparad una presentación audiovisual sobre uno de los encuentros con Jesús trabajados en la unidad.

- **Antes de empezar:**

— Elegid el encuentro que os llama más la atención y que queréis presentar.

— Pensad qué tipo de presentación vais a preparar:

- Un cortometraje con actores.
- Una animación con dibujos o figuras de plastilina.
- Una presentación de tipo PowerPoint a partir de obras de arte.
- Otras opciones creativas que se os ocurran.

— Preparad el guion o *storyboard* de vuestra presentación. No olvidéis tener en cuenta cómo era la persona antes del encuent durante el encuentro en sí, cómo cambia y las consecuencias que puede tener este cambio para los demás. Si es necesario, buscad información extra sobre vuestro personaje.

— Detallad las actividades que habrá que llevar a cabo para completar la presentación. Repartíoslas de forma equitativa, según las capacidades de cada uno, y estableced el calendario en el que queréis que se hagan.

— Tened en cuenta qué recursos necesitaréis:

- Técnicos (cámara, ordenador, programa de edición de imagen y/o sonido…).
- Materiales (ropa para los actores, decorados…).
- De tiempo.

— Analizad si disponéis de todos los recursos necesarios o si tendréis que buscarlos.

- **Mientras desarrolláis el proyecto:**

— Recopilad información sobre cómo vais trabajando. Así, además de la presentación, podréis enseñar el *making off.*

— Sed responsables de vuestra tarea: es la única forma de poder trabajar en grupo.

- **Después de mostrar vuestra presentación:**

— Escuchad los comentarios y las opiniones de los demás compañeros. Os ayudarán a mejorar en próximas tareas.

— Evaluad el propio trabajo y el del resto de los compañeros. ¿Podríais haber desarrollado algo de forma más eficaz?

Estos son los pasos que puedes seguir para analizar una pintura:

1. **Describir** la escena, tanto lo que parece lógico como lo que no lo es. Por ejemplo, un personaje que flota en el aire.
2. **Interpretar** el cuadro con ayuda de referencias externas y documentación, como la Biblia o manuales de iconografía que usaban los pintores para saber cómo representar a cada santo...
3. **Comentar** los elementos que no cuadran o que sorprenden, como la indumentaria de los soldados, con cascos y lanzas, más propia del momento en que se pintó que del que representa.
4. **Investigar** sobre el autor, el momento de creación de la pintura y el lugar en el que se conserva. ¡Pueden haber otras obras interesantes en el mismo lugar!

Junto a la imagen te ofrecemos algunas claves para interpretar la pintura. Amplíalas con tu propia percepción del cuadro. ¿Qué impresión te produce cuando lo miras?

Pablo va camino de **Damasco** para prender a los seguidores de Jesús.

Se suele representar a san Pablo cayendo del **caballo,** aunque los textos no mencionan ese animal.

Pablo ve a **Jesús resucitado, y aunque** queda cegado, habla con Él. El texto escrito en el cuadro así lo refleja.

Pablo se asocia con la **espada,** en recuerdo de cómo murió.

Jesús le pregunta a Pablo por qué le persigue. Las manos de ambos se señalan para indicar este diálogo.

Una **luz dorada** que viene del cielo rodea a Pablo.

Los **compañeros** de Pablo no ven nada, por eso miran a Pablo y no a Jesús.

Conversión de san Pablo, Agnolo Gaddi (1350-1396). Galería de los Uffizi, Florencia.

Viaja a la Galería de los Uffizi, en Florencia, ¡sin moverte de la silla!

http://links.edebe.com/rwh

- De la información que aparece junto al cuadro, ¿cuál se obtiene de la observación? ¿Cuál se consigue por la interpretación de de los Evangelios o de otras fuentes?

SÍNTESIS

• Para resumir la unidad, traza tu propio mapa mental. Aquí tienes un ejemplo que puedes completar.

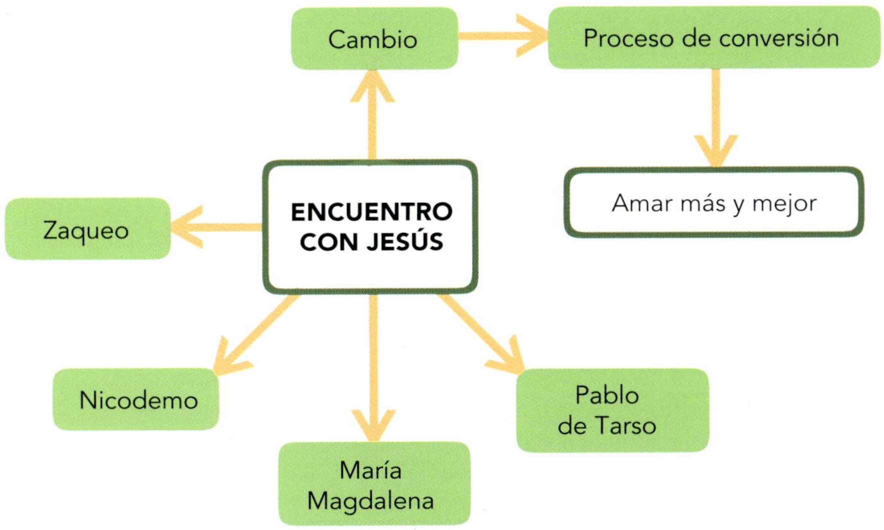

ASÍ DIJO...

...María Zambrano

(1904-1991)

Amar es verse como otro ser nos ve.

¿Quieres saber más sobre este personaje? (pág. 99)

EVALUACIÓN COMPETENCIAL

1. Describe con tus palabras en qué consiste un encuentro personal.

— Nombra uno que tú hayas vivido y explica en qué te ha cambiado.

2. Imagina que vives en tiempo de Jesús y que te encuentras con Él. Indica:

• Cómo eres antes de encontrarte con Jesús.

• En qué situación te encuentras con Él.

• En qué cambias.

3. Propón ejemplos evangélicos en los que un encuentro con Jesús provoque estas transformaciones:

• Cambio físico.

• Cambio de actitud.

• Cambio de creencia.

4. Explica con tus palabras en qué consiste el proceso de conversión.

5. Atribuye las siguientes frases a los personajes evangélicos trabajados en esta unidad:

a) A ver si consigo que pague el doble de lo que le corresponde y me lo quedo.

b) Yo pensé que era el Mesías, pero lo han ajusticiado. ¡Qué desilusión!

c) El año pasado le cobré el doble, pues este año procuraré que pague la mitad. Si es necesario, lo añadiré de mi dinero.

d) ¡Esos seguidores de Jesús van contra el judaísmo!

e) ¿Cómo puedo ir a ver al Maestro sin que nadie lo sepa? ¡Qué pensarán de mí mis compañeros del Sanedrín!

f) Dar sepultura a un hombre no puede estar mal, y si alguien cree que es incorrecto no es mi problema.

g) ¡Jesús vive!

h) La salvación solo es para los que cumplen la Ley.

i) Anunciaré a los gentiles que Jesús ha resucitado.

— ¿En qué momentos de su vida podrían haberlas dicho? ¿Qué sucede entre los dos momentos? Explícalo.

EXPLORADORES DE LA CULTURA

El rostro de Jesús

La religión judía era contraria a rendir culto a las imágenes. En el Antiguo Testamento se prohíbe fabricar cualquier tipo de imagen que pudiera llevar a la **idolatría.** Es lo que le había sucedido al pueblo hebreo acampado a los pies del Sinaí, cuando construyó un becerro de oro en ausencia de Moisés.

Los **primeros cristianos** consideraron que si Dios se había encarnado en un hombre, Jesús, no había ningún problema en representarlo mediante imágenes.

Por eso, en las **catacumbas** esculpían o pintaban en las tumbas a un **joven imberbe** a modo de **buen pastor**. Era una manera de simbolizar a Cristo, el pastor que va a buscar a la oveja perdida. Rescata el alma del difunto y la carga sobre sus hombros para conducirla a la salvación.

El buen pastor, pintura mural en las catacumbas de Priscila, Roma, siglo II.

Posteriormente, en el **Imperio bizantino,** se consolidó la imagen de **Jesús con barba y rostro severo,** tanto en los iconos (imágenes sobre madera) como en los mosaicos. Destaca la imagen del Cristo victorioso en el cielo, que retomaba elementos de las visiones de los profetas o del Apocalipsis.

Esta versión de Jesús fue adoptada en la figura del **Pantocrátor,** o Cristo en majestad, propia del **arte románico,** en la que Jesucristo aparece entronizado como rey y Señor del mundo.

Jesús está rodeado por un halo de forma almendrada.

Mano derecha en actitud de bendecir.

Las letras griegas, Alfa y Omega, recuerdan que Él es el principio y el fin, el origen y el destino del mundo.

La mano izquierda sujeta un libro en el que se lee: EGO SUM LUX MUNDI.

Le rodean cuatro ángeles con los símbolos de los evangelistas: el **tetramorfo.**

Pantocrátor de San Isidoro de León, hacia 1170.

En el **arte gótico,** la figura de Jesús recupera los rasgos más humanos. Pierde solemnidad y gana **naturalidad.** Los temas están inspirados en pasajes del Evangelio. Es el Cristo que se acerca a las personas, por eso abundan imágenes de su infancia o de su muerte con un estilo más realista.

A finales de la Edad Media, el hambre, la peste y la guerra asolaron Europa. El arte reflejó esta atmósfera pesimista y dolorosa. Se representaban con gran dramatismo los tormentos de la Pasión, y Jesús crucificado pasó a ser la imagen emblemática del cristianismo.

El descendimiento, Van der Weyden, 1438. Museo del Prado.

La controversia iconoclasta — Siglo VIII

En ocasiones se han producido excesos en el uso de las imágenes religiosas. Por esta razón, en diversos momentos de la historia han surgido movimientos que reclamaban una mayor **austeridad** en el arte. El conflicto más grave al respecto tuvo lugar en el Imperio Romano de Oriente, o Imperio bizantino.

Los cristianos de Oriente desarrollaron una liturgia muy rica en gestos y símbolos. Además, en esa época estaba en plena expansión la religión musulmana, que, siguiendo la prohibición del Antiguo Testamento, negaba la legitimidad de cualquier imagen.

En la corte bizantina empezó a calar el recelo respecto a la **veneración de los iconos,** que eran muy apreciados en los monasterios y por la religiosidad popular. El emperador León III hizo retirar una famosa imagen de Cristo que estaba a las puertas de su palacio.

No obstante, una parte importante del pueblo y, sobre todo, los monjes siguieron venerándolas. El año 730 el emperador publicó un edicto contra el culto a estas representaciones que generó una **reacción iconoclasta:** la destrucción de las imágenes religiosas.

Para poner fin a este conflicto, se convocó un Concilio ecuménico en **Nicea,** donde se precisó la doctrina sobre las imágenes. En ella se interpretaban como sermones silenciosos, libros para iletrados que resultaban fáciles de entender.

Consulta la definición de «icono» y de «Concilio ecuménico» en el anexo.

Tal como ocurre con la preciosa y vivificante cruz, así también hay que exhibir la imagen de nuestro Señor Dios y Salvador Jesucristo. Porque cuanto más se las contempla en una reproducción figurada, tanto más los que las miran se sienten estimulados al recuerdo y el afecto hacia lo que representa, a besarlas y a rendirles el homenaje de la veneración, sin llegar a la adoración, la cual compete solo a la naturaleza divina: de manera que a las imágenes les corresponde el honor del incienso y de las luces, según la piadosa costumbre de los antiguos, ya que el honor tributado a la imagen se refiere a quien representa, y el que venera una imagen venera a la persona en ella representada.

II Concilio de Nicea (787)

ACTIVIDADES

1. Observa las tres imágenes de Jesús de la página anterior y explica qué transmite cada una de ellas.
2. Comenta el texto del II Concilio de Nicea respondiendo a estas preguntas:
   a) ¿Con qué compara la imagen de Jesús?
   b) Explica qué efecto produce la contemplación de la imagen de Jesús.
   c) Distingue «veneración» de «adoración».
   d) Indica los gestos de respeto que se pueden tributar a las imágenes.
   e) ¿Por qué es legítimo, según el II Concilio de Nicea, venerar las imágenes?

5

LA IGLESIA ES UN LUGAR DE ENCUENTRO

¿Hoy es posible encontrarse con Jesús?

Jesús de Nazaret fue una persona carismática que transformó a las personas que lo conocieron y vivieron junto a Él. Pero, ¿y hoy? ¿Es posible aproximarse a la figura de Jesús? ¿Podemos encontrarnos con Él y ser transformados de la misma forma que lo fueron las personas que le siguieron?

Muchos sienten esta inquietud y buscan con anhelo un encuentro personal con Dios, y Él se deja encontrar en la naturaleza, en la relación con las demás personas, en el propio interior, en la lectura de la Palabra... y las personas se sienten felices y plenas. Un espacio propicio para vivir este encuentro con Cristo es la comunidad creyente reunida en la Iglesia.

1. ¿Cómo encontrarse con Jesús hoy?
2. El encuentro en la Iglesia
3. El encuentro con Jesús en la vida cristiana

TESTIMONIO: PERSONAS QUE HAN ENCONTRADO A JESÚS

RP

RUTINA DE PENSAMIENTO

MIRAR: 10 VECES 2

- Observa atentamente la fotografía en silencio durante 30 segundos. Deja que los ojos viajen por donde quieran.
- Elabora una lista de diez palabras o frases sobre la imagen.
- Poned en común las frases o palabras que se os han ocurrido.
- Observa de nuevo la imagen y vuelve a escribir diez frases o palabras.
- Comparad los aspectos anotados al principio y al final para daros cuenta de que una misma imagen se puede percibir de formas distintas.

1. ¿CÓMO ENCONTRARSE CON JESÚS HOY?

» **¿Qué haces cuando quieres encontrarte con una persona con la que no puedes quedar? Buscas las ocasiones propicias, los lugares que frecuenta, te reúnes con amigos comunes... Con Jesús pasa lo mismo. Encontrarse con Jesús no depende del ser humano, pero algunas experiencias y actitudes predisponen a la persona a reconocerle.**

1.1. EXPERIENCIAS QUE FACILITAN EL ENCUENTRO

El **encuentro con Jesús** no depende del ser humano, pero este puede llevar a cabo unas experiencias y actitudes que lo predisponen a reconocerle.

— **Contemplar la naturaleza**. Prestar atención y dejar que la naturaleza hable por medio de todos los lenguajes posibles: empírico, auditivo, simbólico, estético... Porque escuchar el silencio o el canto de los animales o pasear por las montañas facilita el desarrollo de la **atención** que se necesita para descubrir la presencia de Dios en la propia vida.

— **Analizar** cualquier **acontecimiento humano,** ya sea propio o ajeno, desde distintas perspectivas: política, económica, humana, religiosa, ética... Así se descubre al ser humano como un ser pluridimensional, con cuerpo, voluntad, posibilidad de razonar y de sentir... y con grandes capacidades.

1.2. ACTITUDES QUE AYUDAN A PERCIBIR SU PRESENCIA

Algunas **actitudes personales** no favorecen la percepción de la presencia de Jesús en la propia vida. Otras, en cambio, ayudan a ello:

Frente a...	Tener tendencia a...
Gregarismo y superficialidad	Personalización e interiorización
Utilitarismo y manipulación	Gratuidad
Miedos y recelos	Confianza
Espera ineficaz	Esperanza
Burla fácil e hiriente	Sentido del humor y alegría
Mero reunirse	Encuentro
Rutina y falta de novedad	Sentido de admiración y creatividad
Inhibición e insolidaridad	Responsabilidad social, solidaridad y colaboración
Consumismo y explotación de los recursos naturales	Respeto y defensa de la naturaleza, y no solo por motivos de supervivencia
Conocer múltiples verdades	Búsqueda de la Verdad

ACTIVIDADES

1. Recuerda la última vez que contemplaste un fenómeno de la naturaleza y explica cómo te sentiste.

— Explica por qué la contemplación de la naturaleza puede facilitar el encuentro con Jesús.

2. Elige dos actitudes frecuentes en la sociedad que dificulten la percepción de la presencia de Jesús en la propia vida y dos actitudes que la favorezcan. Pon ejemplos que hayas observado en tu localidad.

2. EL ENCUENTRO EN LA IGLESIA

» Las personas somos seres sociales. Necesitamos sentirnos cerca de los demás y comunicarnos con ellos, por eso buscamos espacios de encuentro, y la comunidad eclesial es uno de ellos.

2.1. ESPACIO DE ENCUENTRO Y COMUNIDAD DE FE

La **Iglesia** es la reunión de los que creen en Jesús y se aman por la fuerza del Espíritu Santo. Es, pues, un **espacio de encuentro:**

- De los creyentes **con Dios,** revelado por Jesucristo.

  En la comunidad es posible el encuentro y la relación personal con Dios, que muestra su amor de Padre.

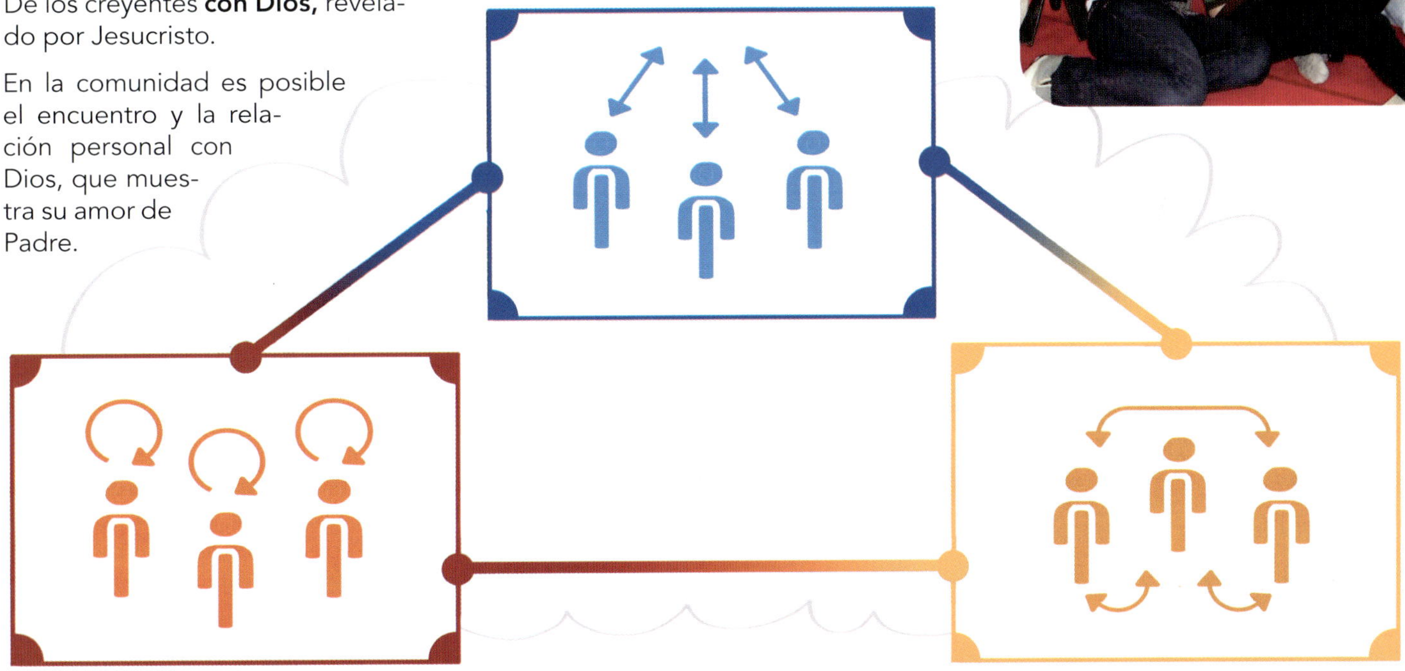

- De la persona **consigo misma.**

  Participar de la vida de la comunidad potencia el propio conocimiento, ayuda a que cada uno se vea como Dios le ve y sea capaz de amarse como hijo o hija de Dios. Así la persona puede encontrar a Dios en su interior.

- De los creyentes **entre ellos.**

  Entre todos los miembros de la Iglesia, sean laicos, religiosos, diáconos, presbíteros u obispos, se establece una relación fraterna, ya que todos comparten la misma dignidad. Son hermanos, hijos del mismo Dios. De esta forma, el creyente puede encontrar a Dios en los demás.

La comunidad de la Iglesia va más allá de la simple reunión de los creyentes o de la suma de sus miembros. Es el espacio histórico en el que se realiza la **presencia de Cristo** y el espacio en el que **se vive la fe.**

ACTIVIDADES

3. Redacta un breve texto en el que expliques:

— Cómo ves tú a los seres humanos.

— Cómo crees que los ve Dios, puesto que son sus hijos.

4. Reflexiona y anota dos situaciones en las que sea posible encontrarse con Dios. Por ejemplo, contemplando la naturaleza.

— Elabora un esquema con las posibles formas de encuentro con Dios.

5. **Trabajo cooperativo:** Formad grupos e investigad sobre el próximo encuentro internacional de jóvenes cristianos. Preparad un breve informe explicando cuándo y dónde se celebrará y las actividades que se llevarán a cabo.

3. EL ENCUENTRO CON JESÚS EN LA VIDA CRISTIANA

COMUNIDADES CRISTIANAS

Página de las comunidades cristianas juveniles ligadas a las religiosas Vedrunas:

http://www.jovenesvedruna.org/

ALGO + QUE NAVEGAR...

- Entra en uno de estos apartados: «Conecta», «Escucha» o «Mira», elige una experiencia y explica a tus compañeros si la has encontrado interesante.

» Jesús se hace presente en la vida cristiana. Se le puede encontrar, sobre todo, en:

3.1. LA LITURGIA Y LA EUCARISTÍA

Las celebraciones litúrgicas, y especialmente la **Eucaristía,** son el lugar privilegiado del encuentro con Jesucristo.

En cada misa los cristianos celebran y participan de la fracción del pan y se unen en **comunión con Jesucristo y con los hermanos.** En la Eucaristía, el Espíritu Santo fortalece su identidad de discípulos y despierta en ellos la decidida voluntad de anunciar lo que han escuchado, vivido y compartido.

3.2. LA LECTURA DE LA PALABRA DE DIOS

Conocer la **Escritura** es conocer a Jesús. Dios mismo habla a las personas por medio de la Escritura. La Palabra más importante que Dios dirige a los seres humanos es **la propia vida de Jesús,** narrada en los Evangelios y proclamada en la Eucaristía.

Entre las muchas formas de acercarse a la Sagrada Escritura hay una privilegiada: la lectura orante o *lectio divina,* con sus cuatro momentos: lectura, meditación, oración y contemplación.

3.3. LA ORACIÓN

El mismo Jesús enseñó a sus discípulos a orar. La **oración,** ya sea personal o comunitaria, es el espacio en el que los cristianos, alimentados por la Palabra y la Eucaristía, cultivan una relación de profunda **amistad con Jesucristo.**

La **oración personal** consiste en poner la vida cotidiana ante Dios Padre y escucharle con el corazón. Para ello es necesario el **silencio,** aquietar el interior para permitir que aflore la voz más íntima y poder escucharla.

3.4. LA VIDA DE LA COMUNIDAD

El libro del Génesis afirma que el ser humano ha sido creado «a imagen y semejanza» de Dios (Gn 1, 26). Todo ser humano es **imagen de Dios,** que es Padre, Hijo y Espíritu Santo. Así, somos imagen de un Dios que es **comunidad.** Jesucristo está presente en medio de una comunidad viva en la fe y en el amor fraterno. De esta forma Él cumple su promesa:

> «Donde están dos o tres reunidos en mi nombre, allí estoy yo en medio de ellos».
> Mt 18, 20

Jesús se hace presente cuando los creyentes:

— Cumplen el **mandamiento del Amor,** que resume y supera al Decálogo.

— Dan testimonio de **lucha por la justicia,** por la paz y por el bien común, hasta el extremo de entregar la propia vida si es necesario.

— Comparten la alegría y la esperanza que supone saberse **hijo amado de Dios** y experimentan la fuerza de la resurrección de Jesucristo.

3.5. EL EJEMPLO DE MARÍA Y LOS SANTOS

A lo largo de la historia, hemos contado con el ejemplo de muchas personas que se encontraron con Jesús. Ese encuentro **transformó sus vidas** y las hizo felices:

- **María,** la Virgen, Madre de Dios: por su fe, su obediencia a la voluntad de Dios y su constante reflexión sobre la Palabra y sobre las acciones de Jesús, es la mejor discípula de Cristo y un modelo para todos los cristianos y cristianas.
- Los **santos**: para las comunidades cristianas, que los toman como modelos, las vidas de los santos son un testimonio, y sus enseñanzas inspiran su acción.

3.6. LAS DEVOCIONES POPULARES

Existen **devociones públicas y privadas,** como las novenas, los rosarios, los vía crucis, las fiestas patronales, las procesiones, las romerías, la veneración de reliquias, las danzas y los cánticos religiosos... que forman parte de la vida de los cristianos, aunque no sean celebraciones sacramentales. El objetivo final de estas prácticas es relacionarse con Dios y fomentar un **encuentro personal** con Él.

En las **peregrinaciones,** por ejemplo, los creyentes celebran la alegría de compartir con los hermanos, y muchos peregrinos toman, a lo largo del peregrinaje, decisiones que marcan sus vidas.

El **Camino de Santiago** es una ruta que une países de Europa occidental con Santiago de Compostela, donde se veneran las reliquias del apóstol Santiago el Mayor.

Es una ruta muy antigua y conocida. En la Edad Media el Camino propició el intercambio cultural. Por él se difundieron el canto gregoriano, los estilos artísticos del románico y el gótico así como la liturgia romana.

En la actualidad, muchas personas siguen recorriendo el Camino. El punto de partida y las motivaciones son muy diversas, pero el componente religioso tiene un papel importante. Esto no es un hecho nuevo, ya que en la Edad Media los motivos que animaban a los peregrinos también eran muy variados: a veces se trataba de un acto penitencial para pedir perdón por pecados o faltas cometidos; en otras ocasiones, se cumplía una promesa hecha al Apóstol, aunque también había quien lo empezaba por la aventura que suponía el viaje, pero desde el convencimiento religioso y buscando una **experiencia espiritual.**

ACTIVIDADES

6. Reflexiona y explica por qué en la Eucaristía se proclama la Palabra de Dios.
7. ¿En qué aspecto de la vida de la Iglesia crees que un joven de tu edad puede encontrar a Jesús con mayor facilidad? ¿Por qué?
8. Anota tres muestras de religiosidad popular que se celebren en tu localidad. Explica cómo y cuándo se celebran.
9. Busca en un diccionario el término *peregrino* y redacta una definición con tus propias palabras.

   — ¿En qué otras religiones se llevan a cabo peregrinaciones?

TESTIMONIO

PERSONAS QUE HAN ENCONTRADO A JESÚS

Muchas personas se han encontrado con Jesús en la Iglesia. Algunas explican en Internet cómo les ha transformado esta experiencia.

ALGO MÁS QUE CLASES DE INGLÉS

http://links.edebe.com/ffy

Eduardo Verástegui era un actor de Hollywood a quien solo le importaban el dinero, la fama y las mujeres.

A través de su profesora de inglés, se da cuenta del vacío que hay en su vida y cambia radicalmente. Deja su imagen sexy y el mundo de mentiras en el que vivía, se confiesa y comienza a vivir la misa con frecuencia.

Ha formado una productora de cine, llamada Metanoia Films, para realizar películas diferentes en nuestra sociedad, elevando, sanando y respetando la dignidad del ser humano, para tocar el corazón de la audiencia y elevarlo a lo bueno, lo bello, lo verdadero y lo excelente. La palabra *metanoia* en griego significa 'conversión' (http://metanoiafilms.com).

En palabras de E. Verástegui: «Comprendí que no había nacido para ser actor u otra cosa, sino para conocer, servir y amar a Jesucristo».

UNA MIRADA QUE CAMBIA UNA VIDA

http://links.edebe.com/pai9

El actor Pietro Sarubbi, que interpretó a Barrabás en *La Pasión de Cristo* de Mel Gibson, explica que se convirtió al cristianismo durante el rodaje de la película.

Huyó de casa siendo muy joven y se unió al circo. Recorrió el mundo, pensando que «en algún lugar podría llenar aquel vacío espiritual». Estuvo en un monasterio *shaolin* de China para adiestrarse en artes marciales, en Tíbet hizo un duro sacrificio de silencio, en India practicó la meditación... pero ninguna de estas exploraciones espirituales le llenó. «La meta final de esta búsqueda la he alcanzado con Jesús», dice Sarubbi.

El rodaje de *La Pasión de Cristo* transformó su vida. «Veía al propio Jesús (en los ojos de James Caviezel). Al mirarme, sus ojos no tenían odio ni resentimiento conmigo, solo misericordia y amor».

En aquel momento, el actor se propuso dar un cambio a su vida. Ha dado prioridad a su familia y a la ayuda a los otros, actuando como payaso para niños huérfanos.

¿QUÉ ES PARA MÍ LA FE EN DIOS? TODO

http://soulsurfer.com

Bethany Hamilton sobrevivió al ataque de un tiburón mientras surfeaba. Cree que después del ataque consiguió llegar a tierra porque estaba convencida de que Dios le tenía reservado algo especial. Después del accidente, en el que perdió el brazo izquierdo, volvió a competir y obtuvo el segundo puesto en el ASP World Tour de 2008.

Bethany escribió su biografía *(Soul Sourfer)*, de la que se estrenó una película en 2011. Ahora su objetivo fundamental es usar su propia experiencia para ayudar a otros.

- Explica quién ayudó a cada personaje a descubrir qué quería cambiar en su forma de vida.
- Describe cómo afecta a otras personas el hecho que estos dos actores hayan decidido cambiar de forma de vida.
- ¿Qué importancia tiene Dios en la vida de estas tres personas a la luz de sus propias palabras? ¿Cómo viven en la comunidad eclesial su fe?
- Lee el testimonio de esta joven y explica con tus palabras dónde encontró a Jesús:

  http://www.iesucommunio.com/El_encuentro_con_el_amor.html
- Investiga y anota el nombre de otras personas que hayan cambiado su forma de vida y se hayan convertido. Explica brevemente su testimonio y dónde encontraron la fuerza necesaria para cambiar.

SÍNTESIS

- Para resumir la unidad, traza tu propio mapa mental. Aquí tienes un ejemplo que puedes completar:

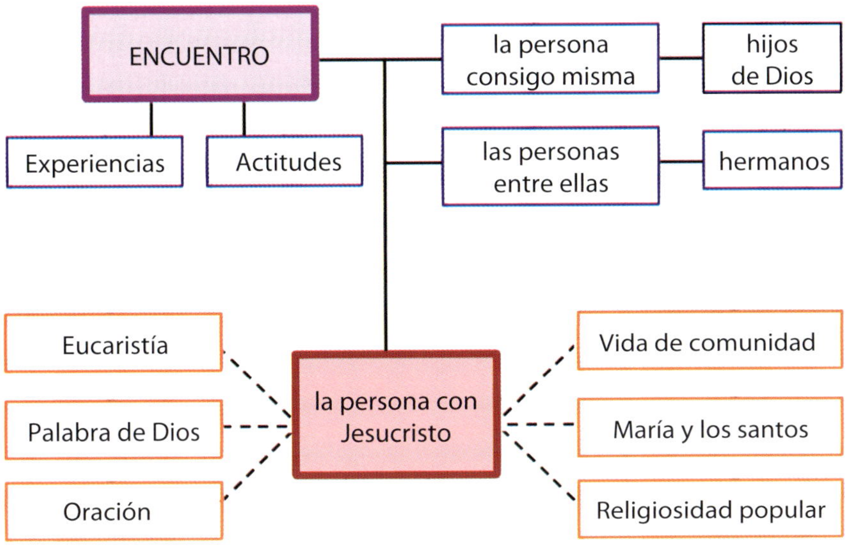

ASÍ DIJO...

...Edith Stein (Sta. Teresa B. de la Cruz)

(1881-1942)

A cada cual Dios lleva por su propio camino, y uno llega más fácil y más rápido a la meta que el otro. Lo que nosotros podemos hacer, en relación a lo que se nos da, es realmente poco. Pero debemos hacer ese poco.

¿Quieres saber más sobre este personaje? (pág. 99)

EVALUACIÓN COMPETENCIAL

1. Explica cómo pueden haberse encontrado con Jesús las siguientes personas:

a) Describe brevemente cómo puede haber afectado su encuentro con Jesús a la forma de vida de estas personas.

b) ¿Crees que se sienten plenos? Justifica tu respuesta.

EXPLORADORES DE LA CULTURA

La oración a lo largo del tiempo

Uno de los pilares de la vida cristiana es, desde los orígenes de la Iglesia, la **oración,** pero también es inseparable del cultivo de la vida interior el compromiso con los demás.

Fracción del pan, pintura del siglo II en el techo de las catacumbas de Priscila, Roma (Italia).

En los Hechos de los Apóstoles se describe cómo los miembros de la **primera comunidad** eran asiduos a la enseñanza de los apóstoles, a la fracción del pan y a la oración (Hch 2, 42).

En una de las primeras catequesis de la Iglesia primitiva, la *Didaché,* se recomienda a los creyentes rezar tres veces al día la oración del ***Padrenuestro.*** Esta práctica individual se compaginaba con las celebraciones comunitarias.

San Justino, de mediados del siglo II, cuenta cómo los primeros cristianos se reunían el **domingo** para leer los comentarios de los apóstoles o las Escrituras de los profetas. A continuación, el que presidía la asamblea animaba a los asistentes a seguir estas enseñanzas. Tras recitar las oraciones, se presentaban el pan, el vino y el agua. Los allí reunidos participaban de este alimento espiritual al que llamaban **Eucaristía.**

A partir del siglo III, algunos cristianos optaron por vivir en **soledad** para centrarse más en la oración. Recibieron el nombre de **«monjes»** (en griego significa 'solitario'). Algunos se retiraron a zonas deshabitadas como el desierto (en griego, *erimos*) y se llamaron **eremitas**.

Como la vida aislada comportaba bastantes problemas, los monjes se empezaron a agrupar en **monasterios** para hacer vida comunitaria.

Para organizar la vida en común se redactaron unas normas, las **reglas.** La más famosa fue la de **san Benito,** del 529. Se dividía el día en tres partes iguales: una se dedicaba al oficio divino (la oración y la liturgia), otra, al trabajo y la última, al descanso. Se valoraba mucho el trabajo intelectual, especialmente el estudio de la Escritura.

En la Edad Media, los monasterios se completaron con granjas, hospitales... y se crearon nuevas órdenes, como la del **Císter,** fundada en 1098; la de los **franciscanos,** fundados por san Francisco de Asís en 1210, o la de los **dominicos,** de santo Domingo de Guzmán, en 1216.

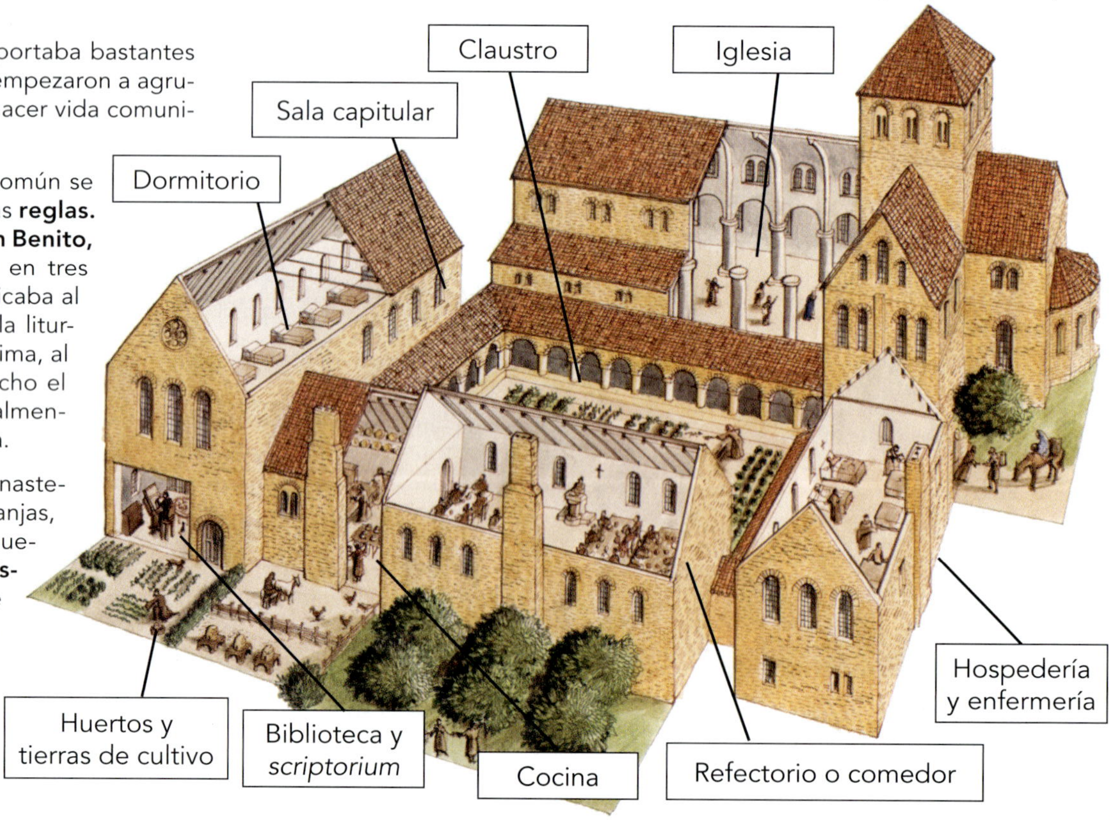

San Francisco de Asís Siglos XII-XIII

La espiritualidad de San Francisco de Asís (1181-1226) permitió recuperar el valor de la **naturaleza** como creación de Dios y, de este modo, como espacio de oración.

Loado seas, mi Señor, con todas tus criaturas,
especialmente el señor hermano Sol,
el cual es día, y por el cual nos alumbras.
Y él es bello y radiante con gran esplendor,
de ti, Altísimo, lleva significación.

Loado seas, mi Señor, por la hermana Luna y las estrellas,
en el cielo las has formado luminosas y preciosas y bellas.

Loado seas, mi Señor, por el hermano viento,
y por el aire y el nublado y el sereno y todo tiempo,
por el cual a tus criaturas das sustento.

Loado seas, mi Señor, por la hermana agua,
la cual es muy útil y humilde y preciosa y casta.

Loado seas, mi Señor, por el hermano fuego,
por el cual alumbras la noche,
y él es bello y alegre y robusto y fuerte.

Loado seas, mi Señor, por nuestra hermana la madre Tierra,
la cual nos sustenta y gobierna,
y produce diversos frutos con coloridas flores y hierba.

San Francisco de Asís, *Cántico de las criaturas.*

San Agustín Siglos IV-V

Es uno de los **pensadores cristianos** más importantes de todos los tiempos.

Nació en Tagaste, en el norte de África, en el año 354. Su madre, santa Mónica, le instruyó en los principios básicos del cristianismo, pero él no siguió este camino. Estudió a los pensadores clásicos, sobresaliendo como filósofo y convirtiéndose en rival en oratoria de san Ambrosio, obispo de Milán.

Vivió durante 14 años con una mujer y fue padre de un niño. En su búsqueda incansable de la **verdad,** pasó de una escuela filosófica a otra, sin llegar a satisfacer su profunda inquietud. En Italia estudió el cristianismo y se bautizó a los 33 años. En sus *Confesiones* narra su **proceso personal** que le llevó a descubrir la verdad, Dios, en lo más profundo de su interior.

Regresó a África para retirarse con unos compañeros a vivir en comunidad. Sin embargo, en el año 395 fue nombrado **obispo de Hipona,** donde murió en el año 430.

«La oración es un hablar con Dios. Cuando oras, hablas con Dios; cuando lees, Dios te habla».

«Si la oración procede del corazón, aunque permanezca callada la voz corporal, Dios la escucha, sin que los hombres la oigan. Cuando oramos, bien sea bocalmente o en silencio, siempre ha de nacer del corazón».

«¡Tarde te amé! Tú estabas dentro de mí y yo afuera, y por fuera te buscaba. Iba en pos de lo que Tú creaste. Tú estabas conmigo, mas yo no estaba contigo».

«Tú estabas en mi interior, más adentro que mi propia intimidad, por encima de lo más alto de mi ser».

ACTIVIDADES

1. Explica en qué consisten el refectorio, el claustro, el *scriptorium* y la hospedería.
2. Explica cómo define San Agustín la oración.
   a) ¿De qué manera podemos escuchar a Dios?
   b) ¿Por qué podemos rezar en silencio?
   c) ¿Dónde habita Dios, para san Agustín?
   d) ¿Qué es lo más alto del ser humano? ¿Qué significa que Dios está por encima de ello?
3. Explica si has visitado un monasterio y descríbelo.

6

LOS CRISTIANOS SE COMPROMETEN

¿Pueden cambiar el mundo los cristianos?

El encuentro con Jesucristo cambia a la persona por dentro. Este cambio interior se nota en las acciones y en los compromisos que los cristianos llevan a cabo.

El mundo en el que vivimos está lleno de situaciones cuya resolución supone retos y desafíos constantes, sobre todo para los cristianos. Estos quieren construir un mundo mejor, según el plan de Dios, en el que todos seamos más felices. Como Jesús, los cristianos optan por los más pobres, aquellos de los que nadie se acuerda. Esperan cambiar el mundo que les rodea por medio del amor desinteresado.

1. ¿Cómo afrontan los retos los cristianos?
2. Los cristianos trabajan por un mundo mejor
3. La opción preferente por los pobres

TESTIMONIO: EL PADRE ÁNGEL Y MENSAJEROS DE LA PAZ

RP

RUTINA DE PENSAMIENTO
VEO-PIENSO-ME PREGUNTO

- Observa atentamente la fotografía en silencio durante 30 segundos.
- Anota lo que ves, sin interpretarlo.
- Escribe las ideas que te sugiere la imagen o los pensamientos que pasarían por tu cabeza si estuvieras entre la multitud o llevando la cruz.
- Toma nota de las preguntas que te vengan a la mente.
- Pon en común con tus compañeros lo que has escrito. Comparad los aspectos anotados para daros cuenta de que una misma imagen se puede percibir de formas distintas.

1. ¿CÓMO AFRONTAN LOS RETOS LOS CRISTIANOS?

AMAZING GRACE

Basada en la vida de un parlamentario británico del siglo XVII que lucha contra la esclavitud.

ALGO + QUE MIRAR...

Formad grupos y comentad los aspectos del filme que más os han impresionado.

- ¿Por qué crees que los abolicionistas insisten en que la dignidad del ser humano hace referencia a Dios? ¿Te parece correcta esta forma de pensar?
- ¿Crees que en la actualidad se reconoce la misma dignidad a todos los seres humanos?

» La fe cristiana llama a todos los seres humanos a proponer formas de vida y de organización social acordes con lo que Dios quiere para todos sus hijos. Muchas de las situaciones actuales suponen un reto para los cristianos.

La globalización

En la actualidad, un suceso que ocurre en una parte del mundo puede afectar a cualquier otro lugar de forma casi inmediata. Esta **interdependencia** entre los diferentes continentes, Estados y seres humanos es cada vez más evidente en lo que se refiere a economía, política y tecnología.

Pero que el mundo sea una **aldea global** no siempre tiene consecuencias beneficiosas para todos. De hecho, se está dejando de lado, e incluso perjudicando, a millones de seres humanos. Es una situación de clarísima **injusticia.**

La deshumanización

En principio, la tecnología, la economía, la política, los medios de comunicación... están al servicio de las personas. El sistema de vida actual pretende cubrir las necesidades básicas de las personas. Pero ¿de todas?, ¿en todo el mundo?, y ¿crea nuevas necesidades? La organización social actual se olvida de muchas personas y genera **marginación y pobreza.** A veces, está al servicio solo de unos pocos, que obtienen beneficios extraordinarios de forma poco ética.

Esta **deshumanización** se basa en utilizar al ser humano como medio para lograr fines económicos, políticos o tecnológicos. La persona pasa a ser un medio y no un fin en sí misma.

La explotación de la naturaleza

La mejora tecnológica ha logrado que los humanos tengan cierto **control sobre la naturaleza,** pero esto ha derivado en el **abuso** y la **destrucción** de la Creación que Dios ofreció a las personas.

Por obtener el **máximo beneficio** de la naturaleza, se ha puesto en peligro el futuro de la humanidad y de la vida en la Tierra.

La justicia distributiva

El cristianismo reconoce en la **diversidad cultural** una riqueza que hay que respetar.

Por eso, frente a la situación de injusticia generada, los cristianos se plantean el reto de repararla y lograr una mayor **justicia social.** Construyen **relaciones integradoras** que permitan la **redistribución** y el **desarrollo** de las personas y de los pueblos en todas sus dimensiones: cultural, económica, social o espiritual.

El proyecto de Jesús supone abrirse a la **esperanza** de un mundo más justo, el **Reino de Dios**, y trabajar con ilusión por construirlo.

La fraternidad

Frente al problema de la deshumanización, el cristiano tiene el reto de vivir la fraternidad. El cristianismo plantea que Dios es **Padre,** por eso todos somos **hermanos** y compartimos una misma **dignidad.**

La Biblia y los documentos de la Iglesia proponen que la tecnología, la economía, los recursos... estén orientados a la **promoción del ser humano** y no al revés. La persona no puede ser usada como un medio para alcanzar cualquier fin. Por eso, los cristianos **denuncian** todo aquello que constituye una violación de la dignidad humana.

La colaboración con la Creación

Frente a la destrucción ecológica, el cristiano debe afrontar el reto de vivir la **responsabilidad** que el ser humano tiene sobre el resto de criaturas. El Génesis muestra que la Creación es **bella y buena.** Y el **dominio** de las personas sobre la Creación no debe ser absoluto y despótico, sino participado y virtuoso.

Debemos considerar la Creación como **patrimonio de la humanidad,** por eso, su uso debe beneficiar a todos: a esta generación y a las futuras.

PEQUEÑO (15 DÍAS AL AÑO)

Divertida animación crítica sobre la forma de vivir de muchos adultos.

http://links.edebe.com/wd2zt

ALGO + QUE NAVEGAR...

- ¿Con cuál de los retos expuestos lo relacionas?

Consulta la definición de «justicia social» y de «redistribución» en el anexo.

ACTIVIDADES

1. Explica el significado que tienen estas citas y di con qué reto de la vida se relacionan:
   A. «El sábado se hizo para el hombre y no el hombre para el sábado; así que el Hijo del hombre es señor también del sábado». (Mc 2, 27)
   B. «No hay judío y griego, esclavo y libre, hombre y mujer, porque todos vosotros sois uno en Cristo Jesús». (Gal 3, 28)
2. Acabas de leer: «La Creación debe considerarse como patrimonio de la humanidad».
   — ¿Se acostumbra a tratar igual aquello que tiene dueño que lo que no lo tiene? ¿Por qué? Propón ejemplos que lo ilustren.

3. Reflexiona y anota otro problema que plantee un reto para la forma de vida actual. Argumenta en qué te afecta y cómo responden los cristianos.
4. Busca noticias, en periódicos o en Internet, sobre dos conflictos relacionados con la globalización, como la extracción del coltán en el Congo para la industria electrónica.
   — Redacta nuevas noticias invirtiendo la situación y mostrando cómo sería la realidad si lo prioritario fueran las personas en lugar de los intereses económicos o políticos.

2. LOS CRISTIANOS TRABAJAN POR UN MUNDO MEJOR

LA COSA PERDIDA

Animación que trata sobre la importancia de observar la realidad para darse cuenta de la situación de los demás y poder transformarla.

http://links.edebe.com/b5ui

ALGO + QUE MIRAR...

- Comenta en qué se diferencia la actitud del joven que encuentra «la Cosa Perdida» de la del resto de personas.
- ¿Cómo se compromete el joven con la Cosa?

» **Los cristianos tienen fe en el amor de Dios y este amor los mueve a comprometerse con la construcción de un mundo más solidario en el que todas las personas puedan ser felices. Es un compromiso individual y comunitario.**

2.1. LOS CRISTIANOS SON PERSONAS COMPROMETIDAS

Los cristianos viven su compromiso para construir un mundo mejor desde la **fe,** que es un don individual que se vive en la comunidad de la Iglesia, y por eso el compromiso también es, a la vez, individual y comunitario.

La fe lleva al creyente a adoptar un **compromiso** ante la vida, que se concreta en las siguientes actitudes:

Los cristianos — **Analizan** / **Asumen** / **Transforman** — La realidad:

- **Buscan** las **causas** de las diferentes situaciones en las que se encuentran las personas.
- Como Jesús, **entran** de lleno en la **historia** de la humanidad, especialmente de los pobres.
- Se **comprometen**, trabajan y **construyen** un mundo más humano.

Una auténtica fe –que nunca es cómoda e individualista– siempre implica un profundo deseo de cambiar el mundo, de transmitir valores, de dejar algo mejor tras nuestro paso por la tierra. Amamos este magnífico planeta donde Dios nos ha puesto, y amamos a la humanidad que lo habita, con todos sus dramas y cansancios, con sus anhelos y esperanzas, con sus valores y fragilidades. La tierra es nuestra casa común y todos somos hermanos.

PAPA FRANCISCO, *EVANGELII GAUDIUM*, 183.

Con sus acciones cotidianas, los cristianos están llamados a ser **testigos** del Amor de Dios, a ser una **Buena Noticia** viviente en medio del mundo, y a aportar **esperanza** a una sociedad que con frecuencia vive abrumada por la tristeza y el dolor. Esto contribuye, sin lugar a dudas, a construir un mundo mejor.

2.2. EL COMPROMISO EVANGÉLICO

Los miembros de la Iglesia llevan a cabo múltiples iniciativas para evangelizar y mejorar las condiciones de vida de las personas.

Veamos algunas:

- En nuestros pueblos y ciudades, en el llamado **Cuarto Mundo,** las organizaciones eclesiales de voluntarios realizan una gran **acción social** atendiendo a enfermos, personas mayores o sin hogar, inmigrantes, mujeres maltratadas, niños huérfanos, drogodependientes... y a todos los que padecen necesidad y exclusión por cualquier otro motivo.
- En lugares remotos, y con frecuencia también menos favorecidos económicamente, los **misioneros** se sienten llamados a **anunciar el mensaje de Jesús.** En el **Tercer Mundo** los misioneros colaboran, junto a las comunidades cristianas locales, en la ayuda material a los más necesitados.

Además, la Iglesia, como institución, busca formas de **mediar en conflictos bélicos**, de **favorecer el diálogo interreligioso,** de **promover la justicia,** etc. Para ello se han creado, dentro de la Iglesia, organismos específicos, como el **Pontificio Consejo Justicia y Paz,** que tiene como función estimular a la comunidad católica para promover el desarrollo de los países pobres y la justicia social internacional.

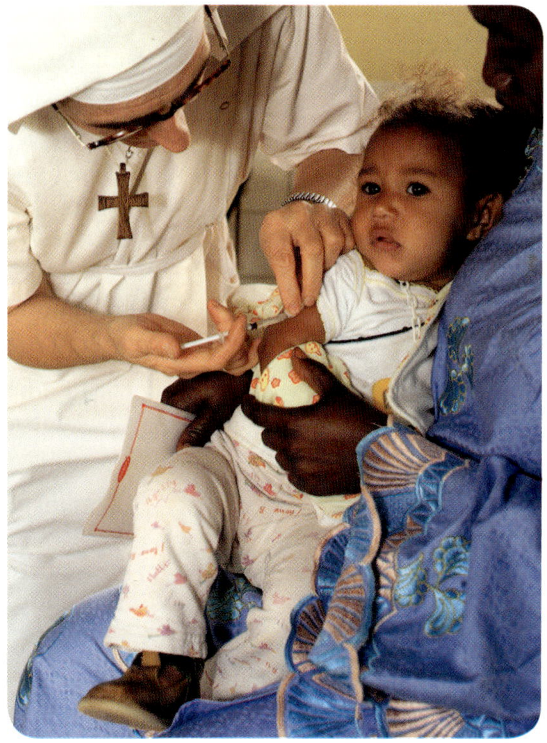

ACTIVIDADES

5. San Pablo, en su Carta a los Romanos, explica en qué consiste el mandamiento del amor.

> A nadie devolváis mal por mal, proponeos hacer el bien que todos aprueban. En lo posible, de vuestra parte, tened paz con todos. [...] Si tu enemigo tiene hambre, dale de comer; si tiene sed, dale de beber; así le sacarás los colores a la cara. No te dejes vencer por el mal, antes vence el mal con el bien.
>
> Rom 12, 17-18.20-21

a) Explica en qué se opone este mandamiento a la ley del «Ojo por ojo, diente por diente».

b) ¿Crees que, con mucho esfuerzo, cualquiera puede llegar a amar a todas las personas, tal como propone Jesús y explicita san Pablo? ¿Qué tipo de ayuda necesita el ser humano para llegar a esto?

c) ¿Es posible vencer el mal a fuerza de bien? ¿O se trata de una utopía? Justifica tu respuesta.

6. Trabajo cooperativo: En grupos de cuatro, leed el fragmento de *Evangelii Gaudium* de la página anterior, y comentadlo mediante la técnica del **folio giratorio:**

a) Reflexionad y argumentad por qué la fe supone un deseo de cambiar el mundo. Podéis relacionarlo con el mandamiento del amor dado por Jesús.

b) Anotad cómo colaboráis vosotros para hacer del mundo un lugar mejor y qué podríais hacer para participar con mayor intensidad.

7. Investigad sobre una organización de la Iglesia que vele por los más pobres:

Obras Misionales Pontificias (OMP) — Cáritas — Manos Unidas — Jóvenes y Desarrollo — Entreculturas-Fe y Alegría

- Buscad información en su página web y anotad acciones concretas que lleven a cabo.
- Elaborad una presentación multimedia en la que se muestren las actividades que promueve esta organización.

3. LA OPCIÓN PREFERENTE POR LOS POBRES

HÉROE ANÓNIMO

Canción homenaje de Luis Alfredo a todos los héroes que se esfuerzan por atender a los más pequeños.

http://links.edebe.com/98y

ALGO + QUE OÍR...

- ¿Cuál es la heroicidad de este personaje?
- ¿Eres capaz de una heroicidad similar?

Consulta la definición de «caridad» y de «sobriedad» en el anexo.

» **En la propuesta cristiana a favor de un mundo más justo y humano, la Iglesia pone un énfasis especial en la atención preferencial a los pobres, tal y como enseñó Jesús.**

3.1. JESÚS PREFIERE A LOS POBRES

El momento histórico vivido por Jesús está marcado por la **pobreza** y la **exclusión.** Las personas pobres, enfermas o que sufrían por los prejuicios religiosos... eran marginadas de la vida económica, social, política, cultural y religiosa.

Para Jesús, **los pobres, los desvalidos y los excluidos** poseen la capacidad de entrar con mayor facilidad en el **Reino de Dios.** Para formar parte del Reino hay que vivir **desapegado** de los bienes materiales.

Jesús se relaciona con todo tipo de personas: sacerdotes y fariseos, cobradores de impuestos y prostitutas, centuriones romanos, pescadores galileos, etc. Él **prefiere a los pobres, pero no rechaza a los ricos**. Trata con amor desinteresado, con **caridad**, a todas las personas con las que se relaciona.

La pobreza

Asociamos un ambiente de **pobreza** con una situación **negativa,** lo relacionamos con la necesidad y la escasez **impuesta** y con algo que hay que evitar o de lo que hay que salir. La pobreza puede ser:

- **Material:** ausencia de bienes económicos.
- **Inmaterial:** sociocultural, educativa, espiritual, moral, de valores o capacidades... Lo que supone que la vida sea una carga.

La pobreza evangélica

La **pobreza evangélica** es un modelo de vida elegida y positiva que pretende acercarse a Dios y acompañar a los pobres.

Se basa en vivir sin apegarse a los bienes materiales, con confianza en Dios, sobriedad y disposición para compartir con otros.

El encuentro de Jesús con el joven rico

Cuando salía Jesús al camino, se le acercó uno corriendo, se arrodilló ante él y le preguntó: «Maestro bueno, ¿qué haré para heredar la vida eterna?».

Jesús le contestó: «[...] Ya sabes los mandamientos: no matarás, no cometerás adulterio, no robarás, no darás falso testimonio, no estafarás, honra a tu padre y a tu madre».

Él replicó: «Maestro, todo eso lo he cumplido desde mi juventud».

Jesús se lo quedó mirando, lo amó y le dijo: «Una cosa te falta: anda, vende lo que tienes, dáselo a los pobres, así tendrás un tesoro en el cielo, y luego ven y sígueme».

A estas palabras frunció el ceño y se marchó triste, porque era muy rico.

Mc 10, 17-22

3.2. LOS CRISTIANOS SIGUEN EL MODELO DE JESÚS

Los cristianos viven según el modelo de Jesús y tratan a los demás con amor desinteresado. Para conseguirlo, no están solos, tienen al **Espíritu Santo,** que les da fuerza para amar a las demás personas, a quienes consideran sus **hermanos.**

Optar preferentemente por los pobres es la forma de llegar a vivir realmente como cristiano. Es un camino hacia la **salvación,** tal y como se afirma en la parábola del juicio final, o juicio de las naciones:

> Entonces dirá el rey a los de su derecha:
>
> —Venid vosotros, benditos de mi Padre, heredad el reino preparado para vosotros desde la creación del mundo. Porque tuve hambre y me disteis de comer, tuve sed y me disteis de beber, fui forastero y me hospedasteis, estuve desnudo y me vestisteis, enfermo y me visitasteis, en la cárcel y vinisteis a verme.
>
> Entonces los justos le contestarán:
>
> —Señor, ¿cuándo te vimos con hambre y te alimentamos, o con sed y te dimos de beber?; ¿cuándo te vimos forastero y te hospedamos, o desnudo y te vestimos?; ¿cuándo te vimos enfermo o en la cárcel y fuimos a verte?
>
> Y el rey les dirá:
>
> —En verdad os digo que cada vez que lo hicisteis con uno de estos, mis hermanos más pequeños, conmigo lo hicisteis.
>
> Mt 25, 34-40

ACTIVIDADES

8. Di si esta frase es correcta o incorrecta. Justifica tu elección.

- Yo vivo la pobreza evangélica: doy lo que me sobra y todos ven mi generosidad.

9. Explica por qué, en el encuentro entre Jesús y el joven rico, el joven se marcha triste a pesar de ser una buena persona y cumplir los mandamientos.

10. Formad grupos, leed la parábola del juicio de las naciones (Mt 25, 34-40) y responded entre todos:

a) ¿Qué acciones han llevado a cabo, según la parábola, los «benditos del Padre» para alcanzar el Reino?

b) ¿Creéis que las realizaron con la intención de alcanzar el Reino?

c) Escribe dos situaciones actuales en las que alguien tenga hambre, sea forastero o esté enfermo o encarcelado.

d) ¿Siguen siendo válidas estas acciones hoy en día? Completa la tabla, como en el ejemplo, con acciones que puedan llevarse a cabo hoy en día para tratar con justicia a todas las personas y vivir según la caridad.

Problema parábola	Solución parábola	Solución actual
Tuve hambre.	Me disteis de comer.	Organizar un comedor social o una campaña de recogida de alimentos.
Estuve desnudo.	Me vestisteis.	
Fui forastero.	Me hospedasteis.	
Estuve enfermo.	Me visitasteis.	
Estuve en la cárcel.	Vinisteis a verme.	

e) ¿Quiénes son los «hermanos más pequeños» de la parábola? Pon ejemplos.

f) Narra alguna ocasión en la que tú hayas colaborado para paliar alguno de estos problemas.

TESTIMONIO

EL PADRE ÁNGEL Y MENSAJEROS DE LA PAZ

En la actualidad hay muchas personas que llevan a la práctica con sus vidas la parábola del buen samaritano (Lc 10, 30-35). El Padre Ángel es una buena muestra de ello...

Ángel García Rodríguez
(Padre Ángel)

Es un sacerdote diocesano, fundador de **Mensajeros de la Paz,** una organización que ofrece acogida y apoyo a niños en riesgo social para ayudarles en su formación y desarrollo personal, fomentando su plena integración en la sociedad.

Nació en Mieres (Asturias) en 1937. En la década de 1960 fue destinado a la capellanía del Orfanato de Oviedo. Allí conoció el drama de la infancia sin hogar, de la pobreza y de la marginación que entonces recaía sobre esos niños inocentes. En los años setenta inauguró sus primeros hogares infantiles y actualmente ya existen por todo el mundo.

Además, su labor se ha orientado también a la atención a otros grupos de personas con necesidades: ancianos, discapacitados físicos y psíquicos, mujeres víctimas de la violencia doméstica, inmigrantes...

Recibió el Premio Príncipe de Asturias de la Concordia en 1994. Dice el Padre Ángel:

«Amar y dejarse amar es el eje principal de la actividad de Mensajeros de la Paz, y el pensamiento que ha guiado toda mi vida».

Visita la página web de Mensajeros de la Paz, y verás sus proyectos más actuales:
http://www.mensajerosdelapaz.com

También puedes ver una entrevista al Padre Ángel en:
http://links.edebe.com/x5h8

¿A qué dedicas tu tiempo libre?

Llenar tu vida de momentos inolvidables en los que tu atención y tus esfuerzos se centren en los demás...

MERECE LA PENA.

¿Te lo habías planteado?

Máquinas expendedoras de solidaridad

Una de las iniciativas recientes de la Fundación Mensajeros de la Paz es una máquina solidaria de alimentos. Es un proyecto de máquinas autoexpendedoras para hacer donativos. Están instaladas en estaciones de metro y zonas de paso de transeúntes.

Insertas una moneda, eliges el botón del alimento que quieres donar y, a cambio, recibes una caja vacía, como vacías están las despensas de las personas que necesitan tu ayuda.

¡Ya se han recogido más de 14 000 kg de alimentos!

- Investiga y explica qué llevó al Padre Ángel a vivir su vida según el Evangelio.
- Recuerda la parábola del juicio de las naciones (Mt 25, 34-40) de la página anterior. Reescríbela a partir de la experiencia del Padre Ángel.
- La iniciativa de la máquina solidaria es un buen ejemplo de acción emprendedora aplicada al amor. Reúnete con tus compañeros y proponed una idea emprendedora para atender alguna necesidad de tu localidad.

SÍNTESIS

- Para resumir la unidad, traza tu propio mapa mental. Aquí tienes un ejemplo que puedes completar.

RETOS: Globalización; Deshumanización; Explotación de la naturaleza; ...

+ RESPUESTA CRISTIANA: Amor - Caridad

Construcción de un mundo mejor
- Compromiso cristiano
- Opción preferente por los pobres
- Seguir a Jesús

ASÍ DIJO...

...Daláí Lama
(Tenzin Gyatso) (1935)

Cuando uno es generoso con la buena intención de recibir algo a cambio, de obtener una buena reputación o de ser aceptado, entonces no está actuando como un ser iluminado.

¿Quieres saber más sobre este personaje? (pág. 100)

EVALUACIÓN COMPETENCIAL

1. Lee la parábola del buen samaritano y coméntala.

> Un hombre bajaba de Jerusalén a Jericó, cayó en manos de unos bandidos, que lo desnudaron, lo molieron a palos y se marcharon, dejándolo medio muerto. Por casualidad, un sacerdote bajaba por aquel camino y, al verlo, dio un rodeo y pasó de largo. Y lo mismo hizo un levita que llegó a aquel sitio: al verlo dio un rodeo y pasó de largo. Pero un samaritano que iba de viaje llegó adonde estaba él y, al verlo, se compadeció, y acercándose, le vendó las heridas, echándoles aceite y vino, y, montándolo en su propia cabalgadura, lo llevó a una posada y lo cuidó.
>
> Lc 10, 30-34

a) Explica qué reto social vive el hombre que se dirigía a Jericó y que es asaltado. ¿Cómo lo has sabido?

b) ¿Qué personajes no reaccionan con fraternidad? ¿Quién sí lo hace? Explica en qué se nota que el samaritano se compromete en favor del hombre al que han atacado.

c) ¿Crees que el mundo fue un lugar mejor después de que el samaritano cuidara del hombre herido? ¿Por qué?

d) Di si estás de acuerdo con la siguiente afirmación. Justifica tu respuesta.

«El samaritano vive la pobreza evangélica porque gasta su dinero en cuidar del hombre asaltado».

2. La parábola del buen samaritano está relacionada con el siguiente fragmento de *Gaudium et Spes*. Escribe un breve texto en el que expliques esta relación.

> Cada uno, sin excepción de nadie, debe considerar al prójimo como otro yo, cuidando en primer lugar de su vida y de los medios necesarios para vivirla dignamente.
>
> CONCILIO VATICANO II, *GAUDIUM ET SPES*, 27.

3. Explica, con la ayuda de la siguiente frase de Don Bosco, la diferencia entre *altruismo* y *caridad*.

«Las obras no son de caridad cuando se hacen por interés».

EXPLORADORES DE LA CULTURA

La opción por los pobres como forma de vida

Uno de los principios esenciales de la enseñanza de Jesús es la atención a los pobres y marginados.

En la **primera comunidad** de Jerusalén no había necesitados, porque los que poseían campos o casas los vendían y entregaban el dinero a los apóstoles para que lo repartieran según la necesidad de cada uno.

Una de las primeras instituciones que se crearon la formaba un grupo de siete hombres, los **diáconos,** que atendían a las viudas en la asistencia cotidiana (Hch 6, 1-6). Esta práctica continuó en la Iglesia primitiva.

Distribución de la limosna y muerte de Ananías, fresco de Tomasso Masaccio (1401-1428). Iglesia del Carmen, Florencia.

Durante los tres primeros siglos, en una época de **persecuciones,** las comunidades cristianas de cada ciudad se reunían presididas por su obispo.

A partir del **Edicto de Milán** del emperador Constantino, del año 313, la Iglesia dejó de ser perseguida, y con el Edicto de Tesalónica, del año 380, el cristianismo se convirtió en la religión oficial del Imperio Romano.

Constantino, mosaico en la iglesia de Santa Sofía, Estambul (Turquía).

Cuando la Iglesia obtuvo el **reconocimiento oficial,** en el siglo IV, pudo disponer de riquezas considerables que entraban en contradicción con el espíritu de pobreza propio del Evangelio. Sin embargo, creó **instituciones para auxiliar** a los pobres y atender a los huérfanos, a las viudas, a los lisiados y a los enfermos indigentes. Se financiaban a través de **limosnas** que se ponían a disposición de los responsables de la comunidad.

En la **Edad Media**, los monasterios solían disponer de un hospital y de una **hospedería** en la que acogían a los pobres. Era habitual también que les dieran comida. Se calcula que la gran abadía benedictina de Cluny llegó a atender a 17.000 menesterosos en un año.

En las ciudades se crearon **hospitales para pobres,** conocidos como «casas de Dios», y centros de beneficencia, conocidos como «casas de la misericordia». Las cofradías y hermandades, además de organizar procesiones y romerías, atendían con sus donativos a las necesidades de los desfavorecidos.

San Francisco de Asís (1181-1226) revolucionó el concepto de pobreza en la Iglesia. Para él no bastaba con ayudar dando limosna a los que sufrían o realizando alguna acción asistencial, era necesario **ser pobre** para poder imitar al propio Jesús.

Alegoría de la pobreza, Giotto di Bondone, 1315-1320.

Edicto de MIlán: los cristianos dejan de estar perseguidos

1 d.C. | 200 d.C. | 313 d.C. | 400 d.C. | 600 d.C. | 800 d.C. | 1000 d.C. | 1200 d.C. | 1400 d.C. | 1600 d.C.

San Juan Crisóstomo — Siglo IV

Se le considera uno de los cuatro grandes **Padres de la Iglesia.**

Nació el año 347 en Antioquía, la segunda ciudad más importante del Imperio Romano de Oriente. No se bautizó hasta los 23 años.

Estudió filosofía con maestros de gran prestigio, y más tarde decidió retirarse como eremita.

Tras regresar a su ciudad, en el año 386, fue ordenado sacerdote. Se hizo muy famoso como **predicador.** Llegó a ser obispo de Antioquía y, posteriormente, de Constantinopla, la capital del Imperio de Oriente.

Siempre mostró una gran preocupación por las **necesidades de los más pobres,** tanto por las materiales como por las espirituales. Denunció con valentía los abusos cometidos por los poderosos y el uso inadecuado de la propiedad privada. Extraía de las Escrituras enseñanzas claramente vinculadas con los **temas sociales,** que consideraba el núcleo de la vida cristiana.

Sus **críticas a los ricos** le valieron la enemistad con la corte imperial y fue desterrado en dos ocasiones. Murió en el exilio el año 404.

¿De qué serviría adornar la mesa de Cristo con vasos de oro, si el propio Cristo muere de hambre? Alimenta al hambriento, y luego, con lo que te sobre, adornarás la mesa de Cristo. ¿Quieres hacer ofrenda de vasos de oro y no eres capaz de dar un vaso de agua? Y, ¿de qué serviría recubrir el altar con lienzos bordados de oro, cuando niegas al mismo Señor el vestido necesario para cubrir su desnudez?

Piensa, pues, que es esto lo que haces con Cristo, cuando lo contemplas errante, peregrino y sin techo y, sin recibirlo, te dedicas a adornar el pavimento, las paredes y las columnas del templo. Con cadenas de plata sujetas lámparas, y te niegas a visitarlo cuando él está encadenado en la cárcel. Por tanto, al adornar el templo procurad no despreciar al hermano necesitado, porque este templo es mucho más precioso que aquel otro.

San Juan Crisóstomo, *Homilías* (387)

Sabías que...

San Juan Crisóstomo recibió el sobrenombre de *Crisóstomo,* que en griego significa 'boca de oro', por su gran elocuencia.

ACTIVIDADES

1. Lee Hch 6, 1-6 y argumenta por qué en la Biblia se da tanta importancia a la atención a las viudas. Anota otras citas en las que se vea reflejada esta preocupación.
2. Relaciona la pintura de la *Alegoría de la pobreza* con la espiritualidad de san Francisco de Asís.
3. Localiza en el mapa superior la ciudad en la que nació Juan Crisóstomo y di en qué Estado actual se encuentra.
4. Comenta el fragmento de las *Homilías* de san Juan Crisóstomo.
   a) Explica con tus palabras qué es la «mesa de Cristo» e identifica los ornamentos sagrados descritos por el autor.
   b) ¿Cuáles son los dos templos a los que se refiere el texto?
   c) Justifica por qué en el fragmento se critica el uso de riquezas.
   d) Relaciona este texto con Mt 25, 34-40.

7

LA FE IMPREGNA NUESTRA CULTURA

¿Cómo influye el cristianismo en el mundo?

Las premisas para el nacimiento de la cultura cristiana fueron procurar vivir según el mandamiento del amor, mostrar el amor hacia Jesús y hacia los hermanos en obras y comunicarlo a través del arte.

La cultura cristiana es la cuna de nuestra cultura actual. Las costumbres, el folklore, el pensamiento, la salud, la educación, el arte... de los países occidentales está fuertemente influido por el cristianismo.

También en nuestros días la experiencia cristiana sigue siendo un referente y una generadora de cultura en todo el mundo.

1. ¿Cómo se relacionan el cristianismo y los valores sociales?
2. El cristianismo ha dejado huella en el arte
3. La fe cristiana sigue presente en la cultura actual

APRENDE A... COMENTAR UN TEXTO

RUTINA DE PENSAMIENTO

PIENSO-ME INTERESA-INVESTIGO

Lee la introducción de la unidad, reflexiona sobre lo que vas a aprender y responde a las preguntas siguientes:

- Piensa, y recuerda qué sabes sobre este tema.
- Explica qué te interesa de manera especial de este contenido. ¿Qué preguntas se te ocurren?
- Investiga lo que te ha llamado la atención de estas cuestiones y busca la respuesta a tus preguntas. Explica qué pasos seguirás.
- Comparte lo que has aprendido con el resto de compañeros y compañeras.

1. ¿CÓMO SE RELACIONAN EL CRISTIANISMO Y LOS VALORES SOCIALES?

» Los valores que promueve hoy la sociedad tienen, en su mayoría, un origen cristiano.

1.1. JESÚS PROPONE UNOS VALORES

Los seguidores de Jesús ponen en práctica en la sociedad actual los **valores** que descubren en las palabras y en los gestos de Jesús. Algunos de estos valores son:

- El **amor a todos,** incluso a los enemigos. Ese amor puede llamarse también «misericordia» o «compasión».
- El **perdón,** a imitación de Dios Padre, que siempre perdona.
- La **preferencia por los pobres** y los marginados, por aquellos que se sienten solos e, incluso, en palabras de Jesús, por los «pecadores».
- La **bondad interior** (los «limpios de corazón»), que exteriormente se manifiesta en la preocupación por la **paz.**
- La **apertura a los demás,** tanto a sus demandas como a sus necesidades.
- El optimismo, la **confianza** en las posibilidades de toda persona, derivada de la confianza en Dios Padre, que nos ama.

Como Jesús, los cristianos viven estos valores como fruto de su relación de confianza con Dios Padre, que expresan mediante la **oración.**

Desde su nacimiento, la actuación de la Iglesia se ha regido por los valores que Jesús propone.

Ya los primeros cristianos vivían como una gran familia: oraban juntos, compartían sus bienes con los más pobres y se ayudaban cuando alguno pasaba dificultades. Actuaban movidos por la bondad y la justicia.

El amor a los enemigos

Habéis oído que se dijo: «Amarás a tu prójimo y odiarás a tu enemigo». Pues yo os digo: Amad a vuestros enemigos, rezad por los que os persiguen. Así seréis hijos de vuestro Padre del cielo, que hace salir su sol sobre malos y buenos y hace llover sobre justos e injustos.

Si amáis a los que os aman, ¿qué premio merecéis? También lo hacen los recaudadores. Si amáis solo a vuestros hermanos, ¿qué hacéis de extraordinario? También lo hacen los paganos. Sed, pues, perfectos como vuestro Padre del cielo es perfecto.

Mt 5, 43-48

1.2. VIVIR LOS VALORES CRISTIANOS

Los **valores cristianos** han ido impregnando tanto nuestra **sociedad occidental como** nuestra cultura a lo largo de los siglos. Así, desde las leyes, el pensamiento o las costumbres hasta la manera de entender y afrontar la educación, la formación o la salud de las personas tienen su origen en una concepción cristiana del mundo y de la persona.

En la actualidad, la Iglesia, movida por estos valores, continúa su **labor cultural y social.**

Labor educativa

La tarea educativa de la Iglesia tiene el objetivo de **formar personas con valores cristianos** y prepararlas para desempeñar una **profesión**. Se lleva a cabo mediante las escuelas, las universidades o los maestros y profesores de Religión católica presentes en la escuela pública.

Labor social

A través de Cáritas, Manos Unidas y otras ONG cristianas, la Iglesia **lucha por la justicia y contra las causas de la desigualdad,** y al mismo tiempo ayuda y está al lado de los más pobres.

Labor asistencial

La tarea asistencial se lleva a cabo a través de los hospitales, ambulatorios y centros de salud, que tanto en el Primer Mundo como en el Tercer Mundo velan por la **prevención de enfermedades** y **curan** y **cuidan** a los enfermos.

La Iglesia también **acompaña** y **ayuda en su proceso de reinserción** en la sociedad a las personas que están en la cárcel.

	Centros	Usuarios
Centros de salud y atención a ancianos y personas con discapacidad	877	856.878
Centros culturales y artísticos	125	143.770
Centros para promover el trabajo	286	88.527
Centros para mitigar la pobreza	5.942	2.250.645
Centros de asistencia a emigrantes y refugiados	135	62.544
Centros escolares y universidades	2.620	1.413.486

Estadísticas de algunas actividades de la Iglesia en España, 2012. Fuente: http://www.portantos.es/estadisticas-de-algunas-actividades-de-la-iglesia

ACTIVIDADES

1. Tanto el amor a los enemigos como el perdón incondicional son valores de Jesús que cuesta llevar a la práctica.
   — Recuerda algún caso en el que hayas visto a alguien que perdona como Jesús pide que se haga y otro caso en que alguien demuestra amor hacia sus enemigos. ¿Por qué actuaron así esas personas?
   — Si no recuerdas ningún caso, reúnete con un compañero o compañera para que te cuente el caso que él o ella recuerda.

2. **Trabajo cooperativo:** Formad seis grupos, elegid una de las labores de la Iglesia y elaborad un mural con la información siguiente:
   - Qué instituciones cristianas destacan en este ámbito.
   - Qué valores y qué objetivos tienen.
   - Cómo se nota la influencia de la fe y de los valores cristianos en sus intervenciones. ¿Sería diferente si el mismo servicio lo prestara una institución laica? Justifica tu respuesta.

2. EL CRISTIANISMO HA DEJADO HUELLA EN EL ARTE

» Los cristianos siempre han encontrado un espacio para congregarse y expresar su fe a través del arte.

Siglos I-IV

Fresco de la catacumba de Priscila, en Roma.

Ya en los primeros siglos del cristianismo surgió el arte **Paleocristiano**. Mientras los cristianos eran perseguidos, las **catacumbas** sirvieron de refugio en las reuniones para celebrar la Eucaristía. Las catacumbas son galerías subterráneas excavadas en el subsuelo en las que se enterraban a los muertos, y están decoradas con pinturas de contenido religioso y simbólico.

Siglos I-V

Basílica paleocristiana de San Pablo Extramuros.

Cuando los cristianos dejaron de ser perseguidos y pudieron celebrar públicamente sus ritos, eligieron las **basílicas** como espacio sagrado. Aunque la basilica romana era una construcción civil, utilizada como lugar de reunión, los cristianos la prefirieron porque podía albergar a muchos creyentes.

Siglos X-XII

Tímpano del pórtico de una iglesia románica.

El arte **románico** en Europa es el primer estilo arquitectónico que se puede considerar propiamente cristiano. Abarca desde la arquitectura de las **iglesias y monasterios** hasta la escultura (por ejemplo en los capiteles de los claustros o en los pórticos) pasando por la pintura, como la representación del pantocrátor. En todas sus expresiones este arte pretende llevar al recogimiento y cumple una finalidad religiosa.

Siglos XII-XV

Vitrales de una catedral gótica.

El románico deja paso al arte **gótico** y los pequeños templos, a las **catedrales.** Las características principales de este estilo son el arco apuntado, la bóveda de crucería, los contrafuertes y los vitrales.

Siglos XV-XVII

La creación de Eva, de Miguel Ángel.

Más tarde, el arte del **Renacimiento** cambia de forma radical por la influencia de las ideas humanistas y el gusto por los clásicos grecorromanos. Se levantan grandes edificios con rasgos clásicos y se exalta la belleza de la figura humana.

Siglos XVII-XVIII

La Inmaculada, de Murillo.

La Reforma católica da paso al arte **Barroco,** que es usado para reafirmar la fe católica frente al protestantismo. Busca impresionar y remarca los rasgos de identidad católica tanto en la arquitectura como en la escultura, la pintura, la música o la literatura. Este arte evolucionó hacia el estilo **Rococó.**

Siglo XIX

El Ángelus, J. F. Millet.

A partir del siglo XIX, en el arte deja de prevalecer la temática religiosa, pero aún perdura en algunas obras. En esta época se suceden distintos estilos artísticos, como el Neoclasicismo, el Romanticismo, el Realismo y el Impresionismo, que se engloban bajo el nombre de **«arte contemporáneo».**

Siglo XX

Templo de la Sagrada Familia, A. Gaudí.

En el siglo XX, el arte refleja cada vez más esporádicamente contenidos religiosos, pero a pesar de eso, encontramos buenos ejemplos de esta temática en la mayoría de los estilos artísticos. Estos se suceden con rapidez en este siglo y podemos englobarlos bajo el término de **«vanguardismo».** La renovación eclesial que supuso el Concilio Vaticano II se vio reflejada en todas las artes de la segunda mitad del siglo XX.

ACTIVIDADES

3. Completa la tabla con el nombre de algunas obras de estas otras disciplinas artísticas en las que la huella del cristianismo se haga patente.

Período	**s. V - XV**	**s. XVI - XVIII**	**s. XIX - XX**
Música			
Literatura			

4. Entre estas tres obras sobre la crucifixión de Jesús que pertenecen a tres autores de los siglos XIX y XX, elige la que más te guste.

— Analiza la obra sobre la crucifixión de Jesús con la ayuda de la ficha de la derecha.

— Presenta tu trabajo al resto de compañeros y compañeras.

Análisis de una obra de arte

- Título: ....
- Año: ....
- Autor: ....
- Técnica: ....
- Características del momento en que se realizó: ....
- Rasgos que destacan: ....
- Sentimientos y emociones que sugiere la obra: ....

Pega aquí una fotografía o dibujo de la obra de arte.

Cristo amarillo, P. Gauguin.

Crucifixión blanca, M. Chagall.

Crucifixión o Corpus Hypercubus, S. Dalí.

3. LA FE CRISTIANA SIGUE PRESENTE EN LA CULTURA ACTUAL

RAP DEL ROSARIO

Escucha y mira el video de Joe Melendrez.

http://links.edebe.com/gna2bj

ALGO + QUE ESCUCHAR...

- En grupos, elegid un salmo, el *Avemaría* o el *Padrenuestro* e intentad rapearlos.
- Debatid en clase si pensáis que las formas de orar pueden adaptarse a los nuevos tiempos, o si deben permanecer inmutables.

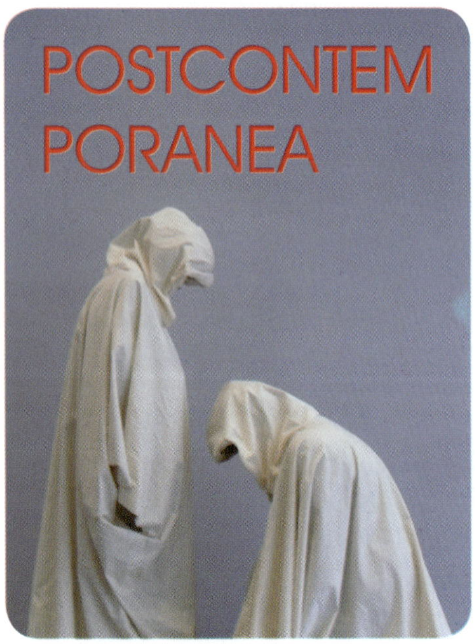

Performance *Mateo 18, 20,* obra de Boyer Tresaco.

» La belleza de la fe cristiana es expresada también en el arte actual. El mensaje de Jesús adopta las formas de los nuevos tiempos, aprovechando su riqueza pero sin perder su esencia.

3.1. LA BELLEZA DE LA FE CRISTIANA EN EL ARTE

Hoy en día podemos encontrar ejemplos de la **expresión de la fe** cristiana en todas las **artes.** Estas obras expresan a la vez la búsqueda de la **trascendencia** y la búsqueda de la **belleza**.

Arquitectura: Iglesia del Santo Rostro

Iglesia del Santo Volto, Turín.

En 2006 se inauguró en Turín (Italia) la iglesia del Santo Volto o Santo Rostro, obra de Mario Botta. Es un edificio con siete torres de treinta y cinco metros de altura construidas en ladrillo rojo en la parte exterior, que recuerdan las chimeneas de las antiguas fábricas que había en esta zona. Las siete torres forman en su base la planta heptagonal de la nave principal, funcionan como tragaluces y conectan con otras siete torres más pequeñas, que son capillas. En la zona del **presbiterio** se ha reproducido con pequeños ladrillos el **Santo Rostro** de la Sábana Santa.

Artes plásticas: Proyecto Postcontemporánea

La exposición *Islas*, que tuvo lugar en marzo del 2015 en la parroquia de San Jerónimo el Real, de Madrid, fue la primera de un ciclo llamado Postcontemporánea, que engloba distintas exposiciones de **arte contemporáneo en espacios sagrados**.

Esta exposición se ubicó en las capillas de la iglesia de San Jerónimo. Las obras de arte actuales se colocaron junto a la decoración propia del templo, acompañando a las obras de cada capilla. Los autores buscaron así un **diálogo entre su obra y el entorno** en el que exponían.

Por ejemplo, en la instalación de Yolanda Relinque se pudo observar esta relación entre su obra y la imagen de la Virgen María de la propia capilla, pues ambas destilan la misma emoción.

Instalación *Ternura*, de Yolanda Relinque.

3.2. ANUNCIAR EL MENSAJE DE LA FE

El mensaje de Jesús adopta nuevas formas para transmitir la fe de la manera más adecuada a la sociedad actual.

Junto a los jóvenes: Jornada Mundial de la Juventud

Las Jornadas Mundiales de la Juventud son una invitación a todos los **jóvenes católicos del mundo** a reunirse con el **Santo Padre** en una ciudad. El objetivo es compartir su forma de vivir el mensaje de Jesús y fomentar lazos de fraternidad entre los participantes de distintos pueblos y culturas.

La primera Jornada Mundial de la Juventud se celebró en la plaza de San Pedro de Roma en 1986. Fueron los jóvenes quienes pidieron reunirse con el Papa para **compartir, celebrar y testimoniar su fe** católica a nivel mundial.

En las redes sociales: Twitter del Papa Francisco

Según un estudio realizado en 2015, el **Papa Francisco** es el líder mundial **más influyente** en Twitter, con casi 10.000 retwits de sus mensajes. Y es el segundo líder mundial en **número de seguidores**, ya que tiene 20 millones en sus cuentas en distintos idiomas.

Barack Obama, presidente de los Estados Unidos, ocupa el primer lugar en número de seguidores (57 millones), pero sus mensajes solo son retwiteados una media de 1.210 veces.

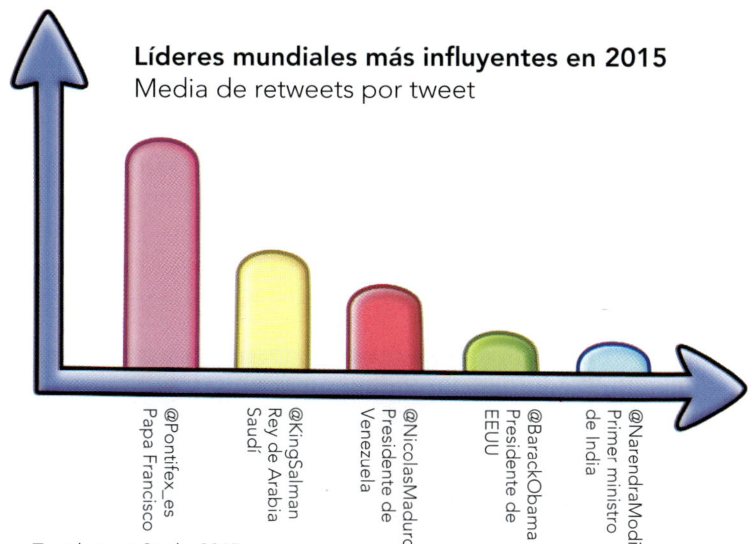

Twyplomacy Study, 2015

ACTIVIDADES

5. Completa la tabla con las impresiones, sentimientos y emociones que te despierta esta obra.

Antes de tener información	Después de tener información
Esta obra me despierta...	He consultado la página web y...

— Para informarte, consulta los enlaces siguientes:

- Sobre la obra y su ubicación: http://links.edebe.com/q3r
- Sobre su autoría: http://links.edebe.com/qq3

6. Explica cómo crees que la Iglesia actual puede mostrarse como «belleza que fascina y atrae».

> Debido a que nuestra cultura está ya configurada decididamente como una cultura de la imagen, del movimiento y del color, es indispensable que se recupere la sabiduría de la inculturación de la fe en el arte, para que la Iglesia, también hoy, se muestre como belleza que fascina y atrae.
>
> http://links.edebe.com/kfb3

La Paloma del Espíritu, Capilla de la Conferencia Episcopal Española.

7. Descubre otros ejemplos de cómo la fe cristiana se expresa en la sociedad actual:

a) Nombra tres páginas web católicas y explica brevemente cuál es su contenido.

b) Investiga qué es el *Youcat* y di a quién va dirigido y qué objetivos persigue.

c) Infórmate sobre la presencia de la Iglesia Católica en los medios de comunicación: pon un ejemplo de publicación escrita y otro de radio o de televisión.

¿Para qué creer?

El gran reto de la humanidad es proporcionar los recursos necesarios para garantizar la subsistencia de sus miembros. Ahora bien, al ser humano no le basta con subsistir, necesita resolver el enigma de su existencia. No se conforma con estar en el mundo, quiere saber por qué. Se interroga, indaga, cuestiona cuanto le sucede. Anhela [...] rebasar sus propios límites para ir más allá y hallar respuestas. Esta búsqueda constituye el origen de las creencias.

En su exploración necesita un mapa que le oriente, un relato que dote de sentido su historia. La belleza, la verdad, la justicia, el bien o la libertad emergen como referentes que permiten trazar una ruta.

El arte, la ciencia o el deporte participan de este impulso. Son caminos de superación que amplían los límites de lo real. A su vez, lo religioso surge al intuir que este ensanchamiento carece de límites. Nos aboca a un fondo sin fondo, al infinito, el absoluto, la eternidad. [...] En algunos casos la religión se convierte en una mirada nostálgica al pasado que neutraliza el afán de ir «más allá», su auténtica razón de ser. La crítica a la religión parte de esta perspectiva al considerarla un simple mecanismo de consuelo o un instrumento represor.

Pero la pregunta de «¿para qué creer?» no es ajena a este impulso existencial. También nace del inconformismo intrínseco a la condición humana, del cuestionamiento sistemático, de la insatisfacción ante lo establecido.

[...] Dicho todo esto, recordemos el núcleo fundamental del mensaje de las religiones. Descubrimos el sentido profundo de nuestra existencia cuando, al olvidarnos de nosotros mismos, nos preocupamos por atender las necesidades de la subsistencia de los demás. Así de simple y así de complicado.

J. Otón Catalán
La Vanguardia, 30 mayo 2013

Estos son los pasos que puedes seguir para analizar un texto:

1. Comprensión del texto

Realiza una lectura atenta, busca el significado de las palabras y de las expresiones que no comprendas y subraya las palabras y las ideas principales.

2. Análisis de texto

Señala las ideas y los argumentos que propone el autor y fíjate en cómo los expone. Explica qué tipo de texto es y cuál es el objetivo que persigue el autor con sus palabras.

3. Relación

Relaciona las ideas que el autor expone en el texto con el mundo que te rodea y con los contenidos que has visto en esta unidad.

4. Valoración crítica

Expresa tu opinión personal sobre las ideas del autor. Puedes apoyar tus razonamientos en las relaciones que has establecido en el apartado anterior.

SÍNTESIS

- Para resumir la unidad, traza tu propio mapa mental. Aquí tienes un ejemplo que puedes completar.

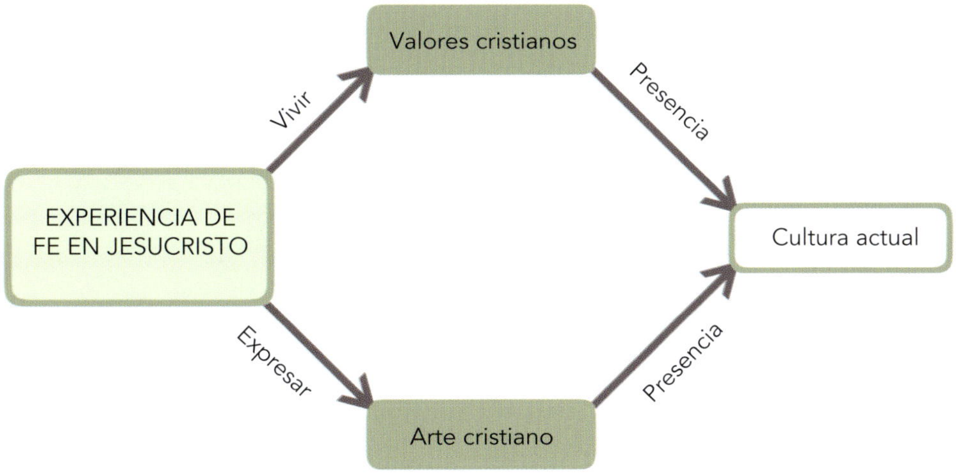

ASÍ DIJO...

...Albert Einstein
(1879-1955)

¿Quieres saber más sobre este personaje? (pág. 100)

La belleza reside en el corazón de quien la observa.

EVALUACIÓN COMPETENCIAL

1. Elige uno de estos temas y escribe una redacción de treinta líneas. Detalla los contenidos que has aprendido en la unidad y da tu opinión personal. Puedes ayudarte con alguna de las preguntas que te ofrecemos.

TEMA 1: Valores sociales y valores cristianos

¿Son los valores cristianos la cuna de los valores sociales? ¿Cómo diferenciar unos de otros? ¿Podemos vivir sin valores? ¿Cuáles son los valores más importantes?

TEMA 2: El cristianismo y el arte, una perspectiva histórica

¿Por qué el arte religioso ha tenido tanta importancia? ¿Qué necesidad hay de expresar la fe? ¿En qué momento la temática del arte deja de ser principalmente religiosa?

TEMA 3: La fe cristiana en la cultura actual

¿Se expresa igual la fe cristiana hoy que hace unos siglos? ¿Debe adoptar la Iglesia nuevas formas de anunciar el mensaje de Jesús? ¿Para quién sigue siendo importante el arte de contenido religioso?

ANEXOS

Adivinación: para quien cree en las ciencias ocultas, proceso mediante el cual se pueden conocer las cosas ocultas, sobre todo las futuras, a través de unos signos y unas técnicas que están codificados en cada cultura.

Alegoría: recurso literario en el que lo que se cuenta hace referencia a otra cosa que se debe interpretar. Así, por ejemplo, cuando los cristianos hablamos del buen pastor que da su vida por las ovejas estamos refiriéndonos de forma simbólica a Jesús de Nazaret.

Astrología: doctrina de quienes creen en la influencia directa de la posición los astros en la realidad humana, especialmente en el destino de las personas, siguiendo unas ideas que predominaban antes del nacimiento de la ciencia moderna.

Canon: libros de la Biblia que la Iglesia católica considera inspirados por Dios. El Concilio de Trento (1546) determinó que solo eran válidos –canónicos– los Evangelios de Mateo, Marcos, Lucas y Juan.

Caridad: forma de amor desinteresado que nos remite a la forma en que Dios nos quiere. Supone dar de lo mío al otro sin caer en el egoísmo. La caridad cristiana fue descrita por Jesús como amor servicial a Dios y al prójimo.

Concilio ecuménico: asamblea internacional, convocada y presidida por el Papa, a la que asisten todos los obispos para discutir asuntos que conciernen a la Iglesia universal.

Evangelio apócrifo: texto que relata la vida y las enseñanzas de Jesús imitando a los Evangelios canónicos pero que fue escrito sin el auxilio divino y que, por tanto, no tiene un carácter sagrado.

Fariseo: en el tiempo de Jesús, seglar que cumplía la Ley judía hasta el más mínimo detalle. Los fariseos eran tan cumplidores que llegaban a mirar con desprecio a los que no respetaban los preceptos de la Ley. De hecho, el término «fariseo» significa 'separado'. Algunos fariseos formaban parte del Sanedrín que acabó condenando a Jesús a muerte.

Gentil: en el Antiguo Testamento, se refiere a todos aquellos que no pertenecen al pueblo de Israel y no practican la religión judía. Con la llegada del cristianismo, pasa a nombrar a todos aquellos que no profesan la fe cristiana o no conocen a Dios alguno.

Icono: pintura religiosa sobre tabla, propia del arte bizantino. En él aparecen figuras solemnes y simbólicas que reflejan la divinidad e invitan a la oración contemplativa.

Justicia social: el tipo de justicia que promueve la correcta distribución de los bienes económicos, culturales y espirituales entre todos los seres humanos y pueblos de la tierra.

Pecado: falta contra un precepto religioso. En el cristianismo, el pecado no es solo un incumplimiento de algún mandamiento del Decálogo o de un precepto de la Iglesia, sino que supone un alejamiento de Dios y de las demás personas. Jesucristo anuncia que Dios está siempre dispuesto a perdonar los pecados a quien se arrepiente y quiere cambiar de actitud.

Redistribución: acto de ceder parte de lo que pertenece a uno o a una nación a otra persona, pueblo o nación que sufre necesidad buscando una mayor justicia.

Sobriedad: moderación en el consumo. Es el valor moral que entiende que «para ser más» no es necesario «tener más».

LAS SIETE PETICIONES DEL PADRENUESTRO

PADRE NUESTRO, QUE ESTÁS EN EL CIELO

La oración del *Padrenuestro* proviene del mismo Jesús, que la enseñó a los apóstoles, y estos, a sus discípulos. De esta forma ha llegado hasta nuestros días. El *Padrenuestro* es la **oración** propia de los cristianos y el resumen de todo el Evangelio. La comunidad reunida lo reza en la liturgia de las horas y en la celebración de los sacramentos, sobre todo, en la Eucaristía.

La novedad está en sus primeras palabras:

Padre nuestro

Son la nota característica de la oración de Jesús. Jesús dialoga con Dios de una forma muy íntima y plenamente confiada: más allá de la confianza que cualquier creyente pone en Dios; como la del niño pequeño con sus padres. Jesucristo enseña la actitud de confianza sencilla y fiel, la seguridad humilde y alegre que supone llamar a Dios «Abba» ('papá').

Además, este Padre no es exclusivamente **Padre de Jesús.** También es Padre nuestro, de manera que nos convierte a todos en **hermanos.** Este sentimiento filial y fraterno es novedoso y genuino de Jesús, y no lo encontramos antes de él en otras tradiciones religiosas.

Para los cristianos, Dios es **Padre de todos** y está en el **cielo.** Pero el cielo, en la Biblia, no es solo el firmamento donde reposan la Luna y las estrellas durante la noche. El cielo es el ámbito de Dios, que los antiguos judíos imaginaban muy por encima del firmamento.

En la actualidad, los cristianos saben que el cielo no es un lugar concreto, sino que hace referencia a una dimensión trascendente: más allá del tiempo y del espacio del universo físico. Como está más allá de lo físico, está también más acá: permanece en el trasfondo de todo cuanto existe; lo abarca todo y lo traspasa todo. En este sentido, decían los antiguos que «Dios está en todas partes».

La invocación inicial de la oración: «Padre nuestro, que estás en el cielo», pone al creyente que la reza en presencia de Dios Padre, para amarle y bendecirle. Esta presencia divina hace surgir **7 peticiones,** 7 bendiciones, que constituyen el resto de la oración:

1. Santificado sea tu Nombre;
2. Venga a nosotros tu reino;
3. Hágase tu voluntad en la tierra como en el cielo.
4. Danos hoy nuestro pan de cada día;
5. Perdona nuestras ofensas, como también nosotros perdonamos a los que nos ofenden;
6. No nos dejes caer en la tentación,
7. Y líbranos del mal.

Estas 7 peticiones son un resumen de los Salmos. De ellos, Jesús toma esta serie de expresiones fundamentales. Son las que vamos a ver a lo largo de este anexo.

a) Lee el texto sobre la visión del profeta Isaías en el interior del Templo de Jerusalén (Is 6, 1-5). ¿Qué sentimientos tiene el profeta ante Dios? ¿Son los mismos de Jesús ante Dios? ¿Cómo llama Isaías a Dios? ¿Cómo lo llama Jesús?

b) Formad grupos, enumerad momentos de los Evangelios en los que Jesús reza y responded:

— ¿Cómo es la oración de Jesús?

— ¿Qué sorprende más de la oración de Jesús?

— ¿Cómo quiere Jesús que sea la oración?

Podéis ayudaros de las siguientes citas:

Mc 1, 35-39; Lc 6, 12-16;
Lc 18, 1-8; Mt 26, 36-46; Mt 6, 5-15

1. SANTIFICADO SEA TU NOMBRE

Para un judío contemporáneo a Jesús, el **nombre** no es solo una palabra que identifica un objeto o a una persona. El nombre constituye la realidad misma de las cosas.

Por eso, cuando una persona cambia de forma notable o recibe una vocación que le altera la vida, también cambia de nombre. Así:

Abrán *será* → **Abrahán** *cuando* → Reciba la promesa de ser padre de muchos.

Simón *será* → **Pedro** *cuando* → Jesús le muestre su vocación de formar la Iglesia.

Saulo *será* → **Pablo** *cuando* → Descubra a Jesús camino a Damasco.

El nombre de Dios designa a Dios mismo, en su realidad trascendente e innombrable. Dios revela su nombre, se da a conocer. Dios se revela realizando su obra por medio de Jesús, el Salvador, aunque la obra de Dios no se realiza en la persona creyente si no santifica su nombre, y santificar el nombre de Dios depende inseparablemente de su vida.

Los Magos adoran a Jesús.

Shalom, en hebreo, significa paz, pero también es un deseo de que la paz sea con quién escucha la palabra.

a) Propón dos acciones concretas que los cristianos pueden llevar a cabo para santificar el nombre de Dios.

b) Anota algunos de los beneficios que los cristianos reciben del Señor, como dice el salmo.

Pero ¿qué es **santificar**?, pues las personas no podemos hacer «más santo» a Dios. Es reconocer como santo, tratar de una manera santa, con adoración. Santificar el nombre de Dios se entiende como una alabanza, una acción de gracias, y Jesús enseña a hacerlo como algo que debe desearse profundamente. Es pedirle a Él que su nombre sea santificado.

Dios santifica su nombre cuando se revela a la humanidad como Señor de todo lo creado, Salvador de su Pueblo y Bondadoso con los humildes que recurren a Él con confianza, como proclama el salmo 103.

Bendice, alma mía, al Señor,
y todo mi ser a su santo nombre.
Bendice, alma mía, al Señor,
y no olvides sus beneficios.

El Señor es compasivo y misericordioso,
lento a la ira y rico en clemencia;
no nos trata como merecen
nuestros pecados
ni nos paga según nuestras culpas.

Como un padre
siente ternura por sus hijos,
siente el Señor ternura por sus fieles;
porque Él conoce nuestra masa,
se acuerda de que somos barro.

Salmo 103 (102)

2. VENGA A NOSOTROS TU REINO

Los antiguos profetas ya anunciaron al pueblo de Israel la llegada del Reino de Dios. Isaías, por ejemplo, clama:

> Qué hermosos son sobre los montes los pies del mensajero que proclama la paz, que anuncia la Buena Noticia, que pregona la justicia, que dice a Sion: «¡Tu Dios reina!».
>
> Is 52, 7

El Reino de Dios no es un territorio ni una unidad política, como el Reino Unido de Gran Bretaña e Irlanda del Norte. Tampoco se refiere a un tiempo pasado, como el reinado de los Austrias. Jesús predica la Buena Noticia de la llegada del Reino de Dios y que este se hace presente mediante:

La conversión de vida

Jesús pide la conversión del corazón, que se dé cabida al amor de Dios en la propia vida, como él mismo hizo.

Para ello es necesario salir de uno mismo, abandonar los propios intereses que acaparan el corazón y centrar la atención en Dios y en los demás. Dios reina en la propia vida en la medida que la persona acoge el Reino de Dios.

La fe en el Evangelio

La fe es una adhesión personal a Jesús, para vivir, hablar y actuar como él vivía, hablaba y actuaba.

La fe no es un simple conocimiento, un simple saber que Dios existe y que habita más allá del firmamento y del cielo. La fe afecta a la propia vida, transformándola según los valores del Evangelio.

La construcción de la comunidad

El Reino de Dios se concreta en las personas de forma individual, pero, sobre todo, de forma comunitaria.

Por eso, uno de los primeros signos de Jesús consiste en formar una comunidad de discípulos en torno a su persona.

Pedir la llegada del Reino de Dios es pedir una **nueva manera de relacionarse** con Dios y con los demás a base de la **comunión mutua.** Procurar la llegada del Reino es querer vivir junto a Dios y construir una comunidad humana bien avenida, para ser signo del Amor de Dios en medio de la sociedad.

a) Responde a partir del interrogatorio de Pilato a Jesús de Jn 18, 33-37:

— ¿Qué diferencia hay entre el Reino de Jesús y el Imperio Romano?

— ¿Qué significan las palabras de Jesús acerca de que su Reino no es de este mundo?

b) Formad grupos y buscad escenas de los Evangelios en las que se vea que Jesús muestra que el Reino se hace presente con un cambio de vida, la fe en el Evangelio y la construcción de una comunidad.

> Después de que Juan fue entregado, Jesús se marchó a Galilea a proclamar el Evangelio de Dios. Decía: «Se ha cumplido el tiempo y está cerca el Reino de Dios. Convertíos y creed en el Evangelio». Pasando junto al mar de Galilea, vio a Simón y a Andrés, el hermano de Simón, echando las redes en el mar, pues eran pescadores. Jesús les dijo: «Venid en pos de mí y os haré pescadores de hombres». Inmediatamente dejaron las redes y lo siguieron.
>
> Mc 1, 14-18

3. HÁGASE TU VOLUNTAD EN LA TIERRA COMO EN EL CIELO

En el *Padrenuestro,* los cristianos proclaman que están dispuestos a cumplir la voluntad de Dios, que es hacer llegar su Reino al mayor número posible de personas. Para ello, ponen su **libertad** al servicio de los demás.

Con frecuencia se relaciona la libertad de acción con actuar según la propia **voluntad.** Pero actuar de forma libre puede suponer renunciar al propio deseo y someterlo a la voluntad o a la necesidad de otro. Por eso, san Pablo escribe a los Gálatas:

> No utilicéis la libertad para el mal; al contrario, poneos al servicio unos de otros.
>
> Gal 5, 13

Someter la propia voluntad a la voluntad ajena no siempre es fácil, porque se establece una **dependencia** del otro. Afortunadamente, cuando la persona adopta la voluntad divina, se pone en manos de un Otro que es Padre y Amor. Hacer la voluntad de Dios es unir el propio querer al querer de Dios, reemplazándolo. Pero ¿qué quiere Dios?

> Quiere que todos se salven y lleguen al conocimiento pleno de la verdad.
>
> 1 Tm 2, 4

De esta manera, la voluntad de Dios sobre el mundo y sobre la historia es clara: ofrece su salvación a todos para que todas las personas puedan vivir en comunión con Él y entre sí.

Esta voluntad de Dios para toda la humanidad se concreta de forma distinta para cada uno. Dios tiene un plan para cada persona, solo hay que descubrirlo y aceptarlo:

- Jesús cumplió la voluntad del Padre anunciando la llegada del Reino, sanando a los enfermos…, muriendo y resucitando.
- A Edith Stein, por ejemplo, la voluntad de Dios la llevó a hacerse monja de clausura; a Gianna Beretta, a ser madre de familia; a Ignacio de Loyola, a fundar la Compañía de Jesús…

En muchos casos, la voluntad de Dios no se muestra de una vez y para siempre. Es un **proceso** en el que se va intuyendo lo que Dios le pide a cada uno a medida que lo lleva a cabo.

Francisco de Asís, por ejemplo, descubrió que la voluntad de Dios para él era «reconstruir la Iglesia» y empezó, literalmente, a restaurar la pequeña iglesia de San Damián. Con el paso del tiempo, Francisco descubrió que había «reconstruido la Iglesia» con la fundación de una orden de frailes pobres.

Cruz de san Damián.

> Cuántas maravillas has hecho, Señor, Dios mío,
> cuántos planes en favor nuestro; […]
> Tú no quieres sacrificios ni ofrendas,
> y, en cambio, me abriste el oído;
> no pides holocaustos ni sacrificios expiatorios;
> entonces yo digo: «Aquí estoy
> —como está escrito en mi libro—
> para hacer tu voluntad».
>
> Salmo 40 (39)

a) Lee el texto de Gal 5, 13-25. Pablo contrapone dos actitudes en la vida: la del que busca hacer la propia voluntad y la del que busca el bien de los demás. ¿Crees que es fácil vivir lo que Pablo propone? ¿Qué dificultades se encuentran?

b) Reflexiona y comparte: Si la voluntad de Dios consiste en el bien de las personas y en la comunión entre ellas, ¿cómo debería vivir un cristiano que quiere hacer la voluntad de Dios?

4. DANOS HOY NUESTRO PAN DE CADA DÍA

En la cuenca mediterránea, el pan ha sido el **alimento básico** durante siglos. El pan hecho con harina de trigo, cebada, centeno u otros cereales ha alimentado a las familias de generación en generación. Hasta el punto que, en la Biblia, el término *pan —leHem—* significa también 'alimento'.

Mientras el pueblo de Israel, con Moisés a la cabeza, cruzaba el desierto del Sinaí, fue alimentado por Dios. Durante cuarenta años Dios los alimentó con el **maná,** caído diariamente del cielo. Un alimento divino, transitorio, pues solamente lo recibieron durante la travesía, que no podían guardar y que el pueblo no conocía.

A la mañana siguiente había una capa de rocío alrededor de él. Cuando esta se disipó, apareció sobre la superficie del desierto una cosa tenue y granulada, fina como la escarcha sobre la tierra. Al verla, los israelitas se preguntaron unos a otros: «¿Qué es esto?». Porque no sabían lo que era. Entonces Moisés les explicó: «Este es el pan que el Señor les ha dado como alimento. El Señor les manda que cada uno recoja lo que necesita para comer, según la cantidad de miembros que tenga cada familia».

Ex 16, 13b-16

Jesús se presenta como el pan de vida, el **alimento de vida** (Jn 6, 48). El suyo no es un alimento transitorio mientras dura la travesía, sino definitivo, para siempre. También él, como el maná de los antiguos, ha venido del cielo, porque él es el Hijo de Dios hecho uno de nosotros.

Yo soy el pan de la vida. Vuestros padres comieron el maná en el desierto y murieron; este es el pan que baja del cielo, para que el hombre coma de él y no muera. Yo soy el pan vivo que ha bajado del cielo; el que coma de este pan vivirá para siempre. Y el pan que yo daré es mi carne por la vida del mundo.

Jn 6, 48-51

A lo largo del capítulo 6 del Evangelio de Juan, Jesús afirma que su palabra es pan de vida, pero también que su carne es verdadera comida, y su sangre, verdadera bebida. **Evangelio y Eucaristía:** ambos son el **alimento** que Jesús ha dejado para sustentar la vida cristiana.

Jesús sacia, porque solo él infunde confianza y consuelo a los que creen en él. En él se halla la vida plena y definitiva: quien lo encuentra ya no tiene necesidad de buscar en otra mesa.

La vida que aporta Jesús no es una vida como la nuestra; aporta **la vida misma de Dios,** una vida plena y absoluta que es fuente de cualquier otra vida y de cualquier otra existencia. La suya es una vida eterna, es decir, divina.

En Él toda hambre se sacia y toda sed se apaga. En Él la vida humana alcanza su plenitud porque entra en **comunión** con el misterio de Dios, que es fuente de vida plena.

Yo os digo: no estéis agobiados por vuestra vida pensando qué vais a comer, ni por vuestro cuerpo pensando con qué os vais a vestir. ¿No vale más la vida que el alimento, y el cuerpo que el vestido? Mirad los pájaros del cielo: no siembran ni siegan, ni almacenan y, sin embargo, vuestro Padre celestial los alimenta. ¿No valéis vosotros más que ellos? ¿Quién de vosotros, a fuerza de agobiarse, podrá añadir una hora al tiempo de su vida? ¿Por qué os agobiáis por el vestido? Fijaos en cómo crecen los lirios del campo: ni trabajan ni hilan. Y os digo que ni Salomón, en todo su fasto, estaba vestido como uno de ellos. Pues si a la hierba, que hoy está en el campo y mañana se arroja al horno, Dios la viste así, ¿no hará mucho más por vosotros, gente de poca fe? No andéis agobiados pensando qué vais a comer, o qué vais a beber, o con qué os vais a vestir. Los paganos se afanan por esas cosas. Ya sabe vuestro Padre celestial que tenéis necesidad de todo eso. Buscad sobre todo el Reino de Dios y su justicia; y todo esto se os dará por añadidura. Por tanto, no os agobiéis por el mañana, porque el mañana traerá su propio agobio. A cada día le basta su desgracia.

Mt 6, 25-34

Pedir, en el *Padrenuestro,* el pan de cada día es poner la **confianza** —aun en medio de estrecheces y dificultades— **en manos de Dios,** sabiendo que vela por todos y sostiene el esfuerzo por vivir la vida de cada día.

Pedir el pan de cada día es pedir a Dios el sustento corporal básico, pero también pedir el sustento básico de la fe: el pan de la Palabra de Dios y el pan de la Eucaristía de Jesucristo.

a) Formad grupos y leed con atención el texto de Mt 6, 25-34. Comentad juntos el sentido del texto.

— ¿Es posible vivir sin preocupaciones, como los pájaros del campo?

— ¿Qué creéis que pretende enseñar Jesús con esa comparación?

b) Reflexiona, completa la tabla y responde:

	Recursos materiales	Recursos no materiales
Recursos de primera necesidad y básicos en nuestra sociedad para el crecimiento y maduración de las personas		

— ¿Y a un cristiano, qué le resulta básico para su vida de fe?

c) Dios reparte el pan de cada día a través de nuestras manos; pero hay personas en el Tercer y el Cuarto Mundo que pasan hambre, y familias a las que nos les llegan los recursos para una alimentación equilibrada. Proponed cada uno tres ideas para ayudar a esas personas. Elegid una para llevarla a cabo entre toda la clase.

5. PERDONA NUESTRAS OFENSAS, COMO TAMBIÉN NOSOTROS PERDONAMOS A LOS QUE NOS OFENDEN

La armonía y la comunión en las relaciones humanas frecuentemente se rompen a causa de que los intereses particulares se anteponen al interés común: el egoísmo individual se antepone a la comunión de vida y de acción de un grupo humano.

La Biblia presenta a Dios como el que perdona el pecado de las personas, ya que romper la comunión con otras personas conlleva romper la comunión con Dios, que nos ha creado a todos iguales para vivir en fraternidad.

> Bendice, alma mía, al Señor, y no olvides sus beneficios. Él perdona todas tus culpas y cura todas tus enfermedades.
>
> Sl 103, 2-3

Por ello, **Jesús,** el Hijo de Dios hecho uno de nosotros, se presenta como **mediador del perdón** de Dios.

Jesús fue instrumento de perdón para aquellos que se acercaron a él.

Perdonó y curó al paralítico.

Sus amigos descolgaron al paralítico desde el techo hasta la presencia de Jesús.

> Viendo su fe, le dijo:
> –Hombre, se te perdonan tus pecados.
>
> Lc 5, 20

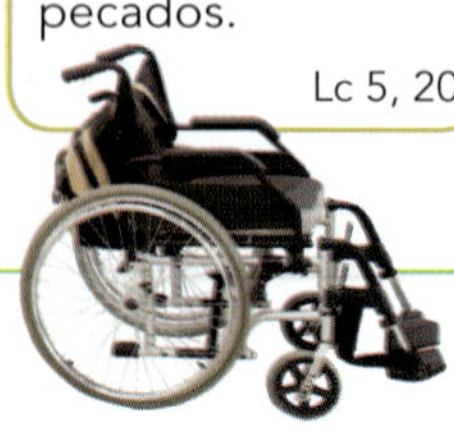

Perdonó a la mujer adúltera.

La animó a rehacer su vida.

> Le dijo Jesús:
> –Tampoco yo te condeno. Ve y en adelante no peques más.
>
> Jn 8, 11

Perdonó con la mirada a su amigo Pedro.

Su amigo Pedro lo negó tres veces a sus espaldas.

> El Señor se volvió y miró a Pedro; este recordó lo que le había dicho el Señor: «Antes de que cante el gallo, me negarás tres veces».
>
> Lc 22, 61

Murió perdonando a los que lo habían torturado y ejecutado.

Sus últimas palabras fueron de perdón.

> Padre, perdónalos, porque no saben lo que hacen.
>
> Lc 23,34

A nadie le resulta fácil perdonar, ni pedir perdón. Saber pedir perdón supone tener la capacidad de reconocer el propio error o la propia mala intención, y además, poseer la sensibilidad necesaria para captar el daño ocasionado. Saber perdonar supone tener la capacidad de sobreponerse al rencor y a la venganza, y la empatía de comprender los motivos profundos de la mala actuación de los otros. Solo las personas maduras saben pedir perdón ante los propios errores y ofrecer su perdón ante los errores de los demás.

En aquel tiempo, Jesús se retiró al monte de los Olivos. Al amanecer se presentó de nuevo en el Templo, y todo el pueblo acudía a él, y, sentándose, les enseñaba. Los escribas y los fariseos le trajeron a una mujer sorprendida en adulterio, y, colocándola en medio, le dijeron: «Maestro, esta mujer ha sido sorprendida en flagrante adulterio. La ley de Moisés nos manda apedrear a las adúlteras; tú, ¿qué dices?». Pero Jesús, inclinándose, escribía con el dedo en el suelo. Como insistían en preguntarle, se incorporó y les dijo: «El que esté sin pecado que le tire la primera piedra». E inclinándose otra vez, siguió escribiendo. Ellos, al oírlo, se fueron escabullendo uno a uno, empezando por los más viejos. Y quedó solo Jesús, con la mujer en medio, que seguía allí delante. Jesús se incorporó y le preguntó: «Mujer, ¿dónde están tus acusadores?; ¿ninguno te ha condenado?». Ella contestó: «Ninguno, Señor». Jesús dijo: «Tampoco yo te condeno. Anda, y en adelante no peques más».

Jn 8, 1-11

En el *Padrenuestro,* Jesús invita a **pedir perdón a Dios** por las ofensas e impele a saber **perdonar a los demás.** Y añade:

Porque si perdonáis a los demás sus ofensas, también os perdonará vuestro Padre celestial, pero si no perdonáis a los demás, tampoco vuestro Padre os perdonará a vosotros.

Mt 6, 14-15

Y es que no se puede pedir a Dios aquello que uno no está dispuesto a dar a los demás. La **relación con Dios** pasa necesariamente por la **relación con los hermanos.** No se puede acudir a Dios habiéndose desentendido previamente de los hermanos. De nada sirve rezar a Dios si antes uno no se ha reconciliado con quien está dividido y malhumorado.

Pablo comprendió muy bien a Jesús, y por eso enseña a los cristianos de Roma:

A nadie devolváis mal por mal. En la medida de lo posible y en lo que dependa de vosotros, manteneos en paz con todo el mundo. No os toméis la venganza por vuestra cuenta... No te dejes vencer por el mal, antes bien, vence al mal con el bien.

Rom 12, 17-19a. 21

La espiral de la venganza y la violencia solo puede romperse con el perdón pedido y ofrecido. Es lo que hizo Jesús a lo largo de su vida, y en la cruz. Por eso, para los cristianos, su muerte es **fuente de reconciliación**. Perdonando gratuitamente, como Jesús perdonó, se puede construir una única familia humana.

a) Busca y lee el texto de Jn 8, 1-11. Imagina que tú estás allí presente: ¿qué hubieras pensado, o qué habrías dicho?

b) Formad grupos y explicad y comentad vuestras experiencias acerca de estas dos cuestiones:

— Las dificultades que soléis tener para perdonar a los que os han hecho el mal.

— Casos de personas que han sido capaces de perdonar generosamente.

c) Jesús perdona a los que han obrado mal con otros y también a los que le infligen el mal directamente a él. ¿Consideráis posible imitarle también hoy? ¿Cómo podemos ser personas de perdón?

6. NO NOS DEJES CAER EN LA TENTACIÓN

Los Evangelios presentan a Jesús, retirado a un lugar despoblado para preparar su misión de anunciar el Reino de Dios, tentado por Satanás.

Jesús vence tres tentaciones. Ante cada una, responde con la Palabra de Dios.

Usar su poder para saciar el hambre del ayuno.

No solo de pan vive el hombre.

Lanzarse de lo alto del Templo sin sufrir daños y mostrar su divinidad.

No pondrás a prueba al Señor tu Dios. Mt 4, 7

Adorar a Satanás a cambio de la autoridad y las riquezas del mundo.

Al Señor tu Dios adorarás, a Él solo darás culto. Mt 4, 10

Pero la peor tentación de Jesús sucedió en Getsemaní, donde Jesús tuvo que luchar contra la tentación de abandonar y huir para salvar la propia vida. Frente al miedo a sufrir y a la angustia de la muerte, que todos sentimos y que también Jesús sintió, él, mediante la oración, se pone en manos de Dios y se mantiene fiel hasta el final, aun a costa de la propia vida.

Jesús experimentó la debilidad y la tentación, pero supo vencerlas con la **oración confiada** y con la referencia a la **Palabra de Dios.** Porque Jesús se mantuvo fiel a pesar de sus tentaciones, puede pedir a sus discípulos esa misma fidelidad.

Cuando hoy hablamos de tentaciones, nos referimos a todo aquello que incita nuestro deseo. Sin embargo, en los Evangelios la tentación se refiere casi exclusivamente a la infidelidad; es decir, al abandono del seguimiento de Jesucristo a causa de su exigencia, o de las dificultades, o incluso, a causa de la persecución por hacerlo. Jesús invita a mantenerse siempre fiel, venciendo los propios reparos y miedos. Si sus seguidores quieren que él no los abandone, no pueden abandonarlo ellos a él.

Al rezar el *Padrenuestro*, los cristianos piden a Dios Padre **fidelidad** en el seguimiento de Jesús, venciendo la tentación del abandono por miedo a la dificultad o al sufrimiento y sabiendo que la oración de Jesús da fuerza y confianza para seguir a su lado.

a) Enumera las cinco principales tentaciones que en la vida de hoy incitan el deseo de las personas. En parejas, poned en común vuestras listas y comentadlas.

b) Entrevista a dos personas cristianas y formúlales las preguntas siguientes sobre la tentación referida al abandono de la fidelidad a Dios o a Jesús. Resume las respuestas en un titular y elabora con él un cartel para decorar el aula.

— ¿Crees que hoy en día cuesta ser seguidor de Jesús? ¿Por qué?

— ¿Por qué hay cristianos bautizados que abandonan la práctica religiosa?

— Jesús invita a confiar plenamente en Dios. ¿Conoces a alguna persona que sabe confiar siempre en Dios?

94

7. Y LÍBRANOS DEL MAL

Por experiencia sabemos que existe el mal en el mundo. El mal que sufrimos tiene distintos orígenes:

Origen del mal

- Las desgracias naturales: inundaciones, terremotos, incendios…
- Las enfermedades: virus y bacterias desconocidos, disfunciones del cuerpo aún sin solución…
- Las mismas personas: confrontación de intereses, comportamientos egoístas e irresponsables, o afán de dominio sobre los demás…

Consecuencias

DOLOR
SUFRIMIENTO
VIOLENCIA
POBREZA
DESIGUALDAD
INJUSTICIA
DESTRUCCIÓN
DIVISIÓN

Vencer al mal

- No es propiamente un mal, aunque causa mucho daño a las personas.
Conforme avanza la ciencia, podemos prever y evitar ese daño o minimizar sus consecuencias.
- Puede ser vencido con la formación en la responsabilidad, en la solidaridad y en una mayor sensibilidad hacia los demás.

Jesús pasa luchando contra el mal: sanando a los enfermos físicos (los cojos, ciegos, mudos y paralíticos) y a los enfermos psíquicos (los considerados endemoniados en aquel tiempo), pero también multiplica el pan para dar de comer a la multitud hambrienta, y perdona a los pecadores que se arrepienten. Jesús vence el Mal con el Bien. De esta manera, Jesús muestra que el Reino de Dios se va haciendo presente entre nosotros y que **el mal va siendo vencido por el bien.**

Cuando los cristianos piden a Dios que les libre del mal, suplican **no ser víctimas** del daño causado por la naturaleza o por los intereses de otras personas. Pero también piden evitar que sus palabras o comportamientos causen daño sobre otros. De esta manera, entre todos se construye un **mundo más amable y más fraterno.**

El *Padrenuestro* concluye con la expresión hebrea «Amén», que significa 'firme, estable'. Es la fórmula usada en la lengua de Jesús para expresar asentimiento: «¡Es verdad!, ¡Que sea como dices!». Con esta expresión, al rezar el Padrenuestro, los cristianos **se comprometen** a vivir según han pedido a Dios en las peticiones de la oración.

a) Reflexionad individualmente y compartid vuestras reflexiones con los compañeros:

— ¿Contra qué males de la naturaleza consideras más urgente luchar para que puedan ser erradicados? ¿Por qué?

— ¿Qué males causados por las personas —en los ámbitos familiar, ciudadano o internacional— crees que es más urgente cambiar?

— También nosotros podemos causar daño a los demás, incluso sin pretenderlo. ¿Qué daños se causan con más frecuencia entre compañeros? ¿Cómo podemos evitarlos?

BIOGRAFÍAS

Biografías

Ofrecemos a continuación unas breves biografías de los personajes que se citan en la última página de cada unidad, en el apartado «Así dijo...», donde se reproduce una frase de uno de estos personajes.

San Juan Pablo II (Karol Józef Wojtyla)

Arzobispo polaco elegido papa en 1978, fecha de inicio de uno de los pontificados más largos de la historia de la Iglesia, dirigido por el primer papa no italiano en muchos siglos.

Karol nació en Wadowice, localidad polaca situada cerca de Cracovia, en 1920. Quedó huérfano de madre a los 9 años.

Empezó a estudiar en la Universidad de Cracovia, pero cuando Polonia fue ocupada por los nazis tuvo que ponerse a trabajar en una cantera y en una fábrica química.

Durante la II Guerra Mundial inició los estudios eclesiásticos de forma clandestina, y los continuó después hasta su ordenación sacerdotal en 1946. Dedicó su juventud a la atención pastoral a los emigrantes polacos en diversos países europeos, a los estudios teológicos y a su enraizada pasión por el teatro, campo en el que se desarrolló como actor y como autor.

Fue ordenado obispo en 1958, y seis años después llegó a ser arzobispo de Cracovia. Pablo VI le eligió cardenal en 1967. En esos años tuvo una destacada participación en el Concilio Vaticano II.

Fue elegido papa en 1978 en una votación cuyo resultado causó sorpresa por el origen del elegido y por su relativa juventud. Sin embargo, su pontificado fue de los que han marcado la historia de la Iglesia: viajes alrededor del mundo, Jornadas Mundiales de la Juventud, promulgación del Catecismo, numerosas encíclicas, celebración del Jubileo del año 2000, impulso del diálogo interreligioso, papel decisivo en la caída del comunismo en la Europa oriental... son algunos de los hitos del pontificado de Juan Pablo II.

Sobrevivió a un grave atentado en 1981, y falleció en Roma en 2005. En 2011 fue beatificado y en 2014 fue canonizado.

Rabindranath Tagore

Poeta, novelista y músico indio cuya lengua materna era el bengalí. Obtuvo el Premio Nobel de Literatura en 1913.

Nació en Calcuta en 1861, en el seno de una extensa familia con profundos intereses artísticos, literarios y sobre todo religiosos, que defendía una interpretación estricta del hinduismo.

Estudió un tiempo en Inglaterra, y desde entonces procuró tomar para su obra lo mejor de la influencia inglesa y de la tradición hindú.

Cultivó todos los géneros, pero destacó en la vertiente poética. Él mismo traducía del bengalí al inglés sus poemas, y eso, junto con sus viajes a distintas partes del mundo, le otorgó una fama de gran poeta que se vio recompensada con el Premio Nobel de Literatura. Además, fue la primera persona no occidental en obtener este galardón.

Preocupado por la situación social de su país, fundó una escuela modélica en unos terrenos de su propiedad y también se implicó en los movimientos contrarios al imperialismo británico y a los intentos de dividir Bengala entre hindúes y musulmanes. Utilizó su fama como escritor para denunciar la falta de valores de Occidente y la occidentalización de la sociedad india.

Los himnos actuales de India y de Bangladesh fueron escritos y compuestos por Tagore.

Este autor, que murió en Calcuta en 1941, está considerado un referente de la profundidad y riqueza de la cultura espiritual asiática.

San Juan María Vianney

Este sacerdote francés es el patrón de los curas párrocos de toda la Iglesia católica.

Nació cerca de Lyon en 1786 y fue ordenado sacerdote en 1815, después de superar las dificultades que le supusieron los estudios eclesiásticos así como el cierre de los seminarios durante la Revolución Francesa.

En 1818 fue nombrado párroco de la aldea de Ars-sur-Formans, una zona fuertemente descristianizada com consecuencia de la Revolución.

Es conocido mundialmente como el «cura de Ars», pues permaneció en esta parroquia hasta su muerte. Consiguió transformar poco a poco su parroquia mediante su predicación sencilla pero fuerte, su gran dedicación al sacramento de la Reconciliación y su vida austera y entregada a los pobres.

La fama del «cura de Ars» se extendió de tal forma que incluso acudían a la aldea personas de regiones lejanas para pedirle consejo o confesarse con él. Ars se convirtió en lugar de peregrinación, donde las conversiones se multiplicaban.

Murió en 1859, tras una vida sencilla y ejemplar. Fue reconocido como santo en 1925 y fue nombrado patrón del clero parroquial.

María Zambrano

María Zambrano Alarcón fue una pensadora, filósofa y ensayista española. Hija del también filósofo y pedagogo Blas Zambrano García de Carabantes y de Araceli Alarcón Delgado, ambos maestros en la Escuela Graduada de Vélez. María nació el 22 de abril de 1904, en Vélez (Málaga), pero al poco tiempo la familia se trasladó a Madrid, y más tarde a Segovia, donde nació su hermana Araceli el 21 de abril de 1911.

En 1926 se trasladó con su familia de nuevo a Madrid y allí cursó sus estudios de Filosofía. Intervino en diferentes movimientos y publicaciones estudiantiles.

Entre 1928 y 1929 se vio obligada a guardar cama para superar una tuberculosis. Un año después publicó su primer libro, *Horizonte del liberalismo.*

A partir de 1931 ejerció de profesora en la Universidad Central, dio clases en el Instituto Escuela y empezó su tesis doctoral, *La salvación del individuo en Spinoza*, que nunca terminó. Fue alumna de Ortega y Gasset y sustituyó como profesora de Metafísica a Xavier Zubiri.

El 14 de septiembre de 1936 se casó con Alfonso Rodríguez Aldave, a quien acababan de nombrar secretario de la Embajada de la República Española en Santiago de Chile. Sin embargo, el matrimonio regresó a España en 1937.

En 1938 murió su padre en Barcelona, y en 1939, con su madre y su hermana, emprendió el camino del exilio, que la llevaría primero a París, donde se reunió con su marido, con quien viajó hasta México, y más tarde a Cuba y a Puerto Rico.

Entre los años 1948 y 1953 escribió sus obras más importantes, como *El hombre y lo divino, Los sueños y el tiempo* y *Persona y democracia.*

En 1981 recibió el Premio Príncipe de Asturias, y en 1988 el Premio Miguel de Cervantes de Literatura.

Murió en Madrid el 6 de febrero de 1991.

Edith Stein (Santa Teresa Benedicta de la Cruz)

Edith Stein fue una filósofa alemana de origen judío que se convirtió al catolicismo. Llegó a ser monja carmelita y murió mártir en un campo de concentración nazi.

Stein nació en una familia judía en Breslau, ciudad entonces alemana y hoy polaca.

Atraída por la filosofía, estudió en Gotinga y en Friburgo, donde fue alumna de los eminentes filósofos de la fenomenología Husserl y Scheler. Pronto empezó a publicar obras sobre psicología, antropología y metafísica.

Durante la Primera Guerra Mundial trabajó como enfermera voluntaria en un hospital de campaña. Tras la guerra, reanudó los estudios de filosofía. En casa de una compañera de estudios leyó la autobiografía de santa Teresa de Jesús, hecho determinante para su conversión al catolicismo. Fue bautizada en 1922.

Después de doctorarse se dedicó a la docencia pero la abandonó en 1933, cuando ingresó en el convento de las Carmelitas Descalzas de Colonia, donde adoptó el nombre religioso de Teresa Benedicta de la Cruz. Ella, como católica, como religiosa y como hija del pueblo judío, advirtió por carta al papa Pío IX de los peligros del nuevo régimen nazi.

En 1938 fue enviada al convento de Echt (Holanda), porque a causa de su origen judío su vida corría peligro en Alemania.

Sin embargo, en 1940 las tropas alemanas ocupan también Holanda. Como represalia por la negativa de los obispos holandeses a colaborar con los nazis, Edith y su hermana Rosa, refugiada en el mismo convento, fueron detenidas por la Gestapo y trasladadas a varias prisiones y campos de concentración. Finalmente, fueron conducidas al campo de exterminio de Auschwitz. Allí Edith Stein fue asesinada en 1942.

Fue canonizada en 1998 y Juan Pablo II la proclamó copatrona de Europa.

Dalái Lama (Tenzin Gyatso)

Su Santidad el 14.° Dalái Lama del Tíbet es un monje budista y el guía espiritual del budismo tibetano. Se considera que los dalái lamas son emanaciones de la deidad Avalokitesvara y que, tras la muerte del lama, su conciencia se reencarna de nuevo en un niño.

Tenzin Gyatso nació en Takser, al noreste de Tíbet, el 6 de julio de 1935. Fue reconocido como la reencarnación de Avalokitesvara cuando tenía 2 años.

En 1941 empezó su proceso de formación y se doctoró en Filosofía budista en 1960, a la edad de 25 años, superando todos los exámenes con honores.

En 1950 se produjo la invasión del Tíbet por parte de China, y él asumió entonces el liderazgo político de su país.

En 1959 el Dalái Lama tuvo que exiliarse y se refugió en Dharamsala (India), donde permanece todavía pese a los ofrecimientos del Gobierno chino para que se traslade de nuevo al Tíbet.

En diferentes momentos de su vida ha promovido, sin éxito, distintas iniciativas para instaurar la paz en el Tíbet. Consiguió entrevistarse con diferentes mandatarios chinos, como Mao Zedong o Deng Xiaoping.

En 1989 el Comité Noruego del Premio Nobel le otorgó el Premio de la Paz, hecho que le supuso un mayor reconocimiento mundial.

En 2007 recibió la Medalla de Oro del Congreso de los Estados Unidos de América.

En marzo del 2011 renunció públicamente a todos los cargos políticos del gobierno tibetano en el exilio, pero continúa siendo su líder espiritual y religioso.

Albert Einstein

Albert Einstein fue el físico y matemático alemán, posteriormente nacionalizado estadounidense, que formuló la teoría de la relatividad.

Era hijo de Hermann Einstein y Pauline Koch, ambos judíos de Suabia. Nació el 14 de marzo de 1879 en Ulm, Wuttemberg (Alemania); él era el primogénito. Pronto su familia se trasladó a Munich, donde en 1881 nació su hermana Marie, a quien llamaban Maya.

En Munich Einstein empezó sus estudios primarios, y completó su formación en Suiza, donde en 1901 se graduó en Física y Matemáticas. Trabajó como técnico en la Oficina de Patentes de Berna hasta 1909.

En 1903 se casó con Mileva Maric, con quien tuvo tres hijos: Liserl, Hans Albert y Eduard. Se divorciaron en 1919. Más tarde Albert Einstein contrajo matrimonio con su prima Elsa.

En 1905 se doctoró por la Universidad de Zurich con su tesis acerca de una nueva determinación de las dimensiones moleculares.

Los estudios teóricos que llevaba a cabo en la mencionada universidad dieron sus primeros frutos con la publicación de cinco de sus escritos en la revista *Annalen der Physik und Chemie (Anales de Física y Química).*

En 1921 ganó el Premio Nobel de Física por su investigación sobre el efecto fotoeléctrico.

Más tarde, sus trabajos sobre la teoría de la relatividad le llevaron a formular la ecuación:

$$E = mc^2$$

Energía = Masa x Valor de la velocidad de la luz en el vacío, elevada al cuadrado.

Esta relación entre la masa y la energía permite explicar, teóricamente, cómo se produce la energía nuclear. Esta nueva teoría creó mucha controversia entre los científicos contemporáneos.

Cuando Hitler llegó al poder, en 1933, Einstein emigró a los Estados Unidos, donde trabajó en el Instituto de Estudios Superiores de Princeton (Nueva Jersey).

En 1936 murió su esposa Elsa.

En 1945, el bombardeo de Hiroshima y Nagasaki y la gran destrucción que causó lo llevaron a colaborar hasta el final de sus días en campañas para el desarme nuclear y la paz internacional.

Albert Einstein murió en Princeton (EE. UU.) el 18 de abril de 1955.

TEXTOS BÍBLICOS

Textos bíblicos

En las páginas siguientes se reproduce una serie de textos bíblicos necesarios para trabajar las actividades de las diversas unidades. Sugerimos que los alumnos busquen los textos en la Biblia –o al menos en una edición del Nuevo Testamento, de donde procede la mayoría de citas–, pero los reproducimos aquí para facilitar la tarea en el caso de que haya alguna dificultad para localizar las citas.

Resurrección de Lázaro

Había caído enfermo un cierto Lázaro, de Betania, la aldea de María y de Marta, su hermana. María era la que ungió al Señor con perfume y le enjugó los pies con su cabellera; el enfermo era su hermano Lázaro. Las hermanas le mandaron recado a Jesús diciendo: «Señor, al que tú amas está enfermo». Jesús, al oírlo, dijo: «Esta enfermedad no es para la muerte, sino que servirá para la gloria de Dios, para que el Hijo de Dios sea glorificado por ella». Jesús amaba a Marta, a su hermana y a Lázaro. Cuando se enteró de que estaba enfermo se quedó todavía dos días donde estaba. Solo entonces dijo a sus discípulos: «Vamos otra vez a Judea». Los discípulos le replicaron: «Maestro, hace poco intentaban apedrearte los judíos, ¿y vas a volver de nuevo allí?». Jesús contestó: «¿No tiene el día doce horas? Si uno camina de día no tropieza, porque ve la luz de este mundo; pero si camina de noche, tropieza porque la luz no está en él». Dicho esto, añadió: «Lázaro, nuestro amigo, está dormido: voy a despertarlo». Entonces le dijeron sus discípulos: «Señor, si duerme, se salvará». Jesús se refería a su muerte; en cambio, ellos creyeron que hablaba del sueño natural. Entonces Jesús les replicó claramente: «Lázaro ha muerto, y me alegro por vosotros de que no hayamos estado allí, para que creáis. Y ahora vamos a él». Entonces Tomás, apodado el Mellizo, dijo a los demás discípulos: «Vamos también nosotros y muramos con él». Cuando Jesús llegó, Lázaro llevaba ya cuatro días enterrado. Betania distaba poco de Jerusalén: unos quince estadios; y muchos judíos habían ido a ver a Marta y a María para darles el pésame por su hermano.

Cuando Marta se enteró de que llegaba Jesús, salió a su encuentro, mientras María se quedó en casa. Y dijo Marta a Jesús: «Señor, si hubieras estado aquí no habría muerto mi hermano. Pero aún ahora sé que todo lo que pidas a Dios, Dios te lo concederá». Jesús le dijo: «Tu hermano resucitará». Marta respondió: «Sé que resucitará en la resurrección en el último día». Jesús le dijo: «Yo soy la resurrección y la vida: el que cree en mí, aunque haya muerto, vivirá; y el que está vivo y cree en mí, no morirá para siempre. ¿Crees esto?». Ella le contestó: «Sí, Señor: yo creo que tú eres el Cristo, el Hijo de Dios, el que tenía que venir al mundo».

Y dicho esto, fue a llamar a su hermana María, diciéndole en voz baja: «El Maestro está ahí y te llama». Apenas lo oyó, se levantó y salió adonde estaba él: porque Jesús no había entrado todavía en la aldea, sino que estaba aún donde Marta lo había encontrado. Los judíos que estaban con ella en casa consolándola, al ver que María se levantaba y salía deprisa, la siguieron, pensando que iba al sepulcro a llorar allí. Cuando llegó María adonde estaba Jesús, al verlo se echó a sus pies diciéndole: «Señor, si hubieras estado aquí no hubiera muerto mi hermano». Jesús, viéndola llorar a ella y viendo llorar a los judíos que la acompañaban, se conmovió en su espíritu, se estremeció y preguntó: «¿Dónde lo habéis enterrado?». Le contestaron: «Señor, ven a verlo».

Jesús se echó a llorar. Los judíos comentaban: «¡Cómo lo quería!». Pero algunos dijeron: «Y uno que le ha abierto los ojos a un ciego, ¿no podía haber impedido que este muriera?». Jesús, conmovido de nuevo en su interior, llegó a la tumba. Era una cavidad cubierta con una losa. Dijo Jesús: «Quitad la losa». Marta, la hermana del muerto, le dijo: «Señor, ya huele mal porque lleva cuatro días». Jesús le replicó: «¿No te he dicho que si crees verás la gloria de Dios?». Entonces quitaron la losa. Jesús, levantando los ojos a lo alto, dijo: «Padre, te doy gracias porque me has escuchado; yo sé que tú me escuchas siempre; pero lo digo por la gente que me rodea, para que crean que tú me has enviado». Y dicho esto, gritó con voz potente: «Lázaro, sal afuera». El muerto salió, los pies y las manos atados con vendas, y la cara envuelta en un sudario. Jesús les dijo: «Desatadlo y dejadlo andar».

Jn 11, 1-44

Expl. cultura, pág. 14, act. 3
Unidad 4, pág. 38, act. 3

La mujer sorprendida en adulterio

Por su parte, Jesús se retiró al monte de los Olivos. Al amanecer se presentó de nuevo en el templo, y todo el pueblo acudía a él, y, sentándose, les enseñaba. Los escribas y los fariseos le traen una mujer sorprendida en adulterio, y, colocándola en medio, le dijeron: «Maestro, esta mujer ha sido sorprendida en flagrante adulterio. La ley de Moisés nos manda apedrear a las adúlteras; tú, ¿qué dices?». Le preguntaban esto para comprometerlo y poder acusarlo. Pero Jesús, inclinándose, escribía con el dedo en el suelo.

Como insistían en preguntarle, se incorporó y les dijo: «El que esté sin pecado, que le tire la primera piedra». E inclinándose otra vez, siguió escribiendo. Ellos, al oírlo, se fueron escabullendo uno a uno, empezando por los más viejos. Y quedó solo Jesús, con la mujer en medio, que seguía allí delante. Jesús se incorporó y le preguntó: «Mujer, ¿dónde están tus acusadores?; ¿ninguno te ha condenado?». Ella contestó: «Ninguno, Señor».

Jesús dijo: «Tampoco yo te condeno. Anda, y en adelante no peques más».

Jn 8, 1-11

Unidad 2, pág. 23, act. 8

La oración de Jesús

Perdona nuestras ofensas, como también nosotros perdonamos a los que nos ofenden.

Mt 6, 12

Unidad 2, pág. 23, act. 8

Jesús perdona a una pecadora

Un fariseo le rogaba que fuera a comer con él y, entrando en casa del fariseo, se recostó a la mesa. En esto, una mujer que había en la ciudad, una pecadora, al enterarse de que estaba comiendo en casa del fariseo, vino trayendo un frasco de alabastro lleno de perfume y, colocándose detrás junto a sus pies, llorando, se puso a regarle los pies con las lágrimas, se los enjuagaba con los cabellos de su cabeza, los cubría de besos y se los ungía con el perfume. Al ver esto, el fariseo que lo había invitado se dijo: «Si este fuera profeta, sabría quién y qué clase de mujer es la que lo está tocando, pues es una pecadora». Jesús respondió y le dijo: «Simón, tengo algo que decirte». Él contestó: «Dímelo, Maestro». «Un prestamista tenía dos deudores: uno le debía quinientos denarios y el otro, cincuenta. Como no tenían con qué pagar, los perdonó a los dos. ¿Cuál de ellos le mostrará más amor?». Respondió Simón y dijo: «Supongo que aquel a quien le perdonó más». Y él dijo: «Has juzgado rectamente». Y, volviéndose a la mujer, dijo a Simón: «¿Ves a esta mujer? He entrado en tu casa y no me has dado agua para los pies; ella, en cambio, me ha regado los pies con sus lágrimas y me los ha enjuagado con sus cabellos. Tú no me diste el beso de paz; ella, en cambio, desde que entré, no ha dejado de besarme los pies. Tú no me ungiste la cabeza con ungüento; ella, en cambio, me ha ungido los pies con perfume. Por eso te digo: sus muchos pecados han quedado perdonados, porque ha amado mucho, pero al que poco se le perdona, ama poco». Y a ella le dijo: «Han quedado perdonados tus pecados». Los demás convidados empezaron a decir entre ellos: «¿Quién es este, que hasta perdona pecados?». Pero él dijo a la mujer: «Tu fe te ha salvado, vete en paz».

Lc 7, 36-50

Unidad 2, pág. 23, act. 8

No juzgar a los demás

No juzguéis, y no seréis juzgados; no condenéis, y no seréis condenados; perdonad, y seréis perdonados.

Lc 6, 37

Unidad 2, pág. 23, act. 8

El perdón y la misericordia

Por esto, se parece el reino de los cielos a un rey que quiso ajustar las cuentas con sus criados. Al empezar a ajustarlas, le presentaron uno que debía diez mil talentos. Como no tenía con qué pagar, el señor mandó que lo vendieran a él con su mujer y sus hijos y todas sus posesiones, y que pagara así. El criado, arrojándose a sus pies, le suplicaba diciendo: «Ten paciencia conmigo y te lo pagaré todo». Se compadeció el señor de aquel criado y lo dejó marchar, perdonándole la deuda. Pero al salir, el criado aquel encontró a uno de sus compañeros que le debía cien denarios y, agarrándolo, lo estrangulaba diciendo: «Págame lo que me debes». El compañero, arrojándose a sus pies, le rogaba diciendo: «Ten paciencia conmigo y te lo pagaré». Pero él se negó y fue y lo metió en la cárcel hasta que pagara lo que debía. Sus compañeros, al ver lo ocurrido, quedaron consternados y fueron a contarle a su señor todo lo sucedido. Entonces el señor lo llamó y le dijo: «¡Siervo malvado! Toda aquella deuda te la perdoné porque me lo rogaste. ¿No debías tú también tener compasión de tu compañero, como yo tuve compasión de ti?». Y el señor, indignado, lo entregó a los verdugos hasta que pagara toda la deuda. Lo mismo hará con vosotros mi Padre celestial, si cada cual no perdona de corazón a su hermano.

Mt 18, 23-35

Unidad 2, pág. 23, act. 8

Abrahán y Sara

Abrahán y Sara eran ancianos, de edad muy avanzada, y Sara ya no tenía sus períodos. Sara se rio para sus adentros, pensando: «Cuando ya estoy agotada, ¿voy a tener placer, con un marido tan viejo?». Entonces el Señor dijo a Abrahán: «¿Por qué se ha reído Sara, diciendo: "De verdad que voy a tener un hijo, yo tan vieja"? ¿Hay algo demasiado difícil para el Señor? Cuando vuelva a visitarte por esta época, dentro del tiempo de costumbre, Sara habrá tenido un hijo». Pero Sara lo negó: «No me he reído», dijo, pues estaba asustada. Él replicó: «No lo niegues, te has reído».

Gn 18, 11-15

Unidad 2, pág. 24

Alianza de Dios con Abrán

Después de estos sucesos, el Señor dirigió a Abrán, en una visión, la siguiente palabra: «No temas, Abrán, yo soy tu escudo, y tu paga será abundante». Abrán contestó: «Señor Dios, ¿qué me vas a dar si soy estéril, y Eliezer de Damasco será el amo de mi casa?». Abrán añadió: «No me has dado hijos, y un criado de casa me heredará». Pero el Señor le dirigió esta palabra: «No te heredará ese, sino que uno salido de tus entrañas será tu heredero». Luego lo sacó afuera y le dijo: «Mira al cielo, y cuenta las estrellas, si puedes contarlas». Y añadió: «Así será tu descendencia». Abrán creyó al Señor y se le contó como justicia.

Gn 15, 1-6

Unidad 2, pág. 24

La prueba de Abrahán

Dios dijo: «Toma a tu hijo único, al que amas, a Isaac, y vete a la tierra de Moria y ofrécemelo allí en holocausto en uno de los montes que yo te indicaré».

Abrahán madrugó, aparejó el asno y se llevó consigo a dos criados y a su hijo Isaac; cortó leña para el holocausto y se encaminó al lugar que le había indicado Dios. [...]

Cuando llegaron al sitio que le había dicho Dios, Abrahán levantó allí el altar y apiló la leña, luego ató a su hijo Isaac y lo puso sobre el altar, encima de la leña. Entonces Abrahán alargó la mano y tomó el cuchillo para degollar a su hijo.

Pero el ángel del Señor le gritó desde el cielo: «¡Abrahán, Abrahán!». Él contestó: «Aquí estoy». El ángel le ordenó: «No alargues la mano contra el muchacho ni le hagas nada. Ahora he comprobado que temes a Dios, porque no te has reservado a tu hijo, a tu único hijo».

Abrahán levantó los ojos y vio un carnero enredado por los cuernos en la maleza. Se acercó, tomó el carnero y lo ofreció en holocausto en lugar de su hijo.

Gn 22, 2-3.9-13

Expl. cultura, pág. 27, act. 1

El pecado y sus consecuencias

La serpiente era más astuta que las demás bestias del campo que el Señor había hecho. Y dijo a la mujer: «¿Conque Dios os ha dicho que no comáis de ningún árbol del jardín?». La mujer contestó a la serpiente: «Podemos comer los frutos de los árboles del jardín; pero del fruto del árbol que está en mitad del jardín nos ha dicho Dios: "No comáis de él ni lo toquéis, de lo contrario moriréis"». La serpiente replicó a la mujer: «No, no moriréis; es que Dios sabe que el día en que comáis de él, se os abrirán los ojos, y seréis como Dios en el conocimiento del bien y el mal».

Entonces la mujer se dio cuenta de que el árbol era bueno de comer, atrayente a los ojos y deseable para lograr inteligencia; así que tomó de su fruto y comió. Luego se lo dio a su marido, que también comió. Se les abrieron los ojos a los dos y descubrieron que estaban desnudos; y entrelazaron hojas de higuera y se las ciñeron. Cuando oyeron la voz del Señor Dios que se paseaba por el jardín a la hora de la brisa, Adán y su mujer se escondieron de la vista del Señor Dios entre los árboles del jardín.

El Señor Dios llamó a Adán y le dijo: «¿Dónde estás?». Él contestó: «Oí tu ruido en el jardín, me dio miedo, porque estaba desnudo, y me escondí». El Señor Dios le replicó: «¿Quién te informó de que estabas desnudo?, ¿es que has comido del árbol del que te prohibí comer?». Adán respondió: «La mujer que me diste como compañera me ofreció del fruto y comí».

El Señor Dios dijo a la mujer: «¿Qué has hecho?». La mujer respondió: «La serpiente me sedujo y comí». El Señor Dios dijo a la serpiente: «Por haber hecho eso, maldita tú entre todo el ganado y todas la fieras del campo; te arrastrarás sobre el vientre y comerás polvo toda tu vida; pongo hostilidad entre ti y la mujer, entre tu descendencia y su descendencia; esta te aplastará la cabeza, cuando tú la hieras en el talón». A la mujer le dijo: «Mucho te haré sufrir en tu preñez, parirás hijos con dolor, tendrás ansia de tu marido, y él te dominará». A Adán le dijo: «Por haber hecho caso a tu mujer y haber comido del árbol del que te prohibí, maldito el suelo por tu culpa: comerás de él con fatiga mientras vivas; brotará para ti cardos y espinas, y comerás hierba del campo. Comerás el pan con sudor de tu frente, hasta que vuelvas a la tierra, porque de ella fuiste sacado; pues eres polvo y al polvo volverás». Adán llamó a su mujer Eva, por ser la madre de todos los que viven. El Señor Dios hizo túnicas de piel para Adán y su mujer, y los vistió. Y el Señor Dios dijo: «He aquí que el hombre se ha hecho como uno de nosotros en el conocimiento del bien y el mal; no vaya ahora a alargar su mano y tome también el árbol de la vida, coma de él y viva para siempre».

El Señor Dios lo expulsó del jardín de Edén, para que labrase el suelo de donde había sido tomado. Echó al hombre, y a oriente del jardín de Edén colocó a los querubines y una espada llameante que brillaba, para cerrar el camino del árbol de la vida.

Gn 3, 1-24

Unidad 3, pág. 31, act. 1

El ciego Bartimeo

Y llegan a Jericó. Y al salir él con sus discípulos y bastante gente, un mendigo ciego, Bartimeo (el hijo de Timeo), estaba sentado al borde del camino pidiendo limosna. Al oír que era Jesús Nazareno, empezó a gritar: «Hijo de David, Jesús, ten compasión de mí». Muchos lo increpaban para que se callara. Pero él gritaba más: «Hijo de David, ten compasión de mí». Jesús se detuvo y dijo: «Llamadlo». Llamaron al ciego, diciéndole: «Ánimo, levántate, que te llama». Soltó el manto, dio un salto y se acercó a Jesús. Jesús le dijo: «¿Qué quieres que te haga?». El ciego le contestó: «*Rabbuni,* que vea». Jesús le dijo:

«Anda, tu fe te ha salvado». Y al momento recobró la vista y lo seguía por el camino.

Mc 10, 46-52

Unidad 4, pág. 38, act. 3

La hemorroísa

Había una mujer que padecía flujos de sangre desde hacía doce años. Había sufrido mucho a manos de los médicos y se había gastado en eso toda su fortuna; pero, en vez de mejorar, se había puesto peor. Oyó hablar de Jesús y, acercándose por detrás, entre la gente, le tocó el manto, pensando: «Con solo tocarle el manto curaré». Inmediatamente se secó la fuente de sus hemorragias y notó que su cuerpo estaba curando. Jesús, notando que había salido fuerza de él, se volvió enseguida en medio de la gente y preguntaba: «¿Quién me ha tocado el manto?». Los discípulos le contestaban: «Ves como te apretuja la gente y preguntas: "¿Quién me ha tocado?"». Él seguía mirando alrededor, para ver a la que había hecho esto. La mujer se acercó asustada y temblorosa, al comprender lo que le había ocurrido, se le echó a los pies y confesó toda la verdad. Él le dice: «Hija, tu fe te ha salvado. Vete en paz y queda curada de tu enfermedad».

Mc 5, 25-34

Unidad 4, pág. 38, act. 3

Dimas, el buen ladrón

Uno de los malhechores crucificados lo insultaba, diciendo: «¿No eres tú el Mesías? Sálvate a ti mismo y a nosotros». Pero el otro, respondiéndole e increpándolo, le decía: «¿Ni siquiera temes tú a Dios, estando en la misma condena? Nosotros, en verdad, lo estamos justamente, porque recibimos el justo pago de lo que hicimos; en cambio, este no ha hecho nada malo». Y decía: «Jesús, acuérdate de mí cuando llegues a tu reino». Jesús le dijo: «En verdad te digo: hoy estarás conmigo en el paraíso».

Lc 23, 39-43

Unidad 4, pág. 38, act. 3

La samaritana

Cuando supo Jesús que habían oído los fariseos que Jesús hacía más discípulos que Juan y que bautizaba (aunque Jesús no bautizaba, sino sus discípulos), dejó Judea y partió de nuevo para Galilea. Era necesario que él pasara a través de Samaría. Llegó Jesús a una ciudad de Samaría llamada Sicar, cerca del campo que dio Jacob a su hijo José; allí estaba el pozo de Jacob. Jesús, cansado del camino, estaba allí sentado junto al pozo. Era hacia la hora sexta. Llega una mujer de Samaría a sacar agua, y Jesús le dice: «Dame de beber». Sus discípulos se habían ido al pueblo a comprar comida. La samaritana le dice: «¿Cómo tú, siendo judío, me pides de beber a mí, que soy samaritana?» (porque los judíos no se tratan con los samaritanos). Jesús le contestó: «Si conocieras el don de Dios y quién es el que te dice "dame de beber", le pedirías tú, y él te daría agua viva». La mujer le dice: «Señor, si no tienes cubo, y el pozo es hondo, ¿de dónde sacas el agua viva?; ¿eres tú más que nuestro padre Jacob, que nos dio este pozo, y de él bebieron él y sus hijos y sus ganados?». Jesús le contestó: «El que bebe de esta agua vuelve a tener sed; pero el que beba del agua que yo le daré nunca más tendrá sed: el agua que yo le daré se convertirá dentro de él en un surtidor de agua que salta hasta la vida eterna». La mujer le dice: «Señor, dame esa agua: así no tendré más sed, ni tendré que venir aquí a sacarla». Él le dice: «Anda, llama a tu marido y vuelve». La mujer le contesta: «No tengo marido». Jesús le dice: «Tienes razón, que no tienes marido: has tenido ya cinco, y el de ahora no es tu marido. En eso has dicho la verdad». La mujer le dice: «Señor, veo que tú eres un profeta. Nuestros padres dieron culto en este monte, y vosotros decís que el sitio donde se debe dar culto está en Jerusalén». Jesús le dice: «Créeme, mujer: se acerca la hora en que ni en este monte ni en Jerusalén adoraréis al Padre. Vosotros adoráis a uno que no conocéis; nosotros adoramos a uno que conocemos, porque la salvación viene de los judíos. Pero se acerca la hora, ya está aquí, en que los verdaderos adoradores adorarán al Padre en espíritu y verdad, porque el Padre desea que lo adoren así. Dios es espíritu, y los que adoran deben hacerlo en espíritu y verdad». La mujer le dice: «Sé que va a venir el Mesías, el Cristo; cuando venga, él nos lo dirá todo». Jesús le dice: «Soy yo, el que habla contigo».

En esto llegaron sus discípulos y se extrañaban de que estuviera hablando con una mujer, aunque ninguno le dijo: «¿Qué le preguntas o de qué le hablas?». La mujer entonces dejó su cántaro, se fue al pueblo y dijo a la gente: «Venid a ver un hombre que me ha dicho todo lo que he hecho; ¿será este el Mesías?». Salieron del pueblo y se pusieron en camino adonde estaba él.

Jn 4, 1-30

Unidad 4, pág. 38, act. 3

El leproso agradecido

Una vez, yendo de camino de Jerusalén, pasaba entre Samaría y Galilea. Cuando iba a entrar en una ciudad, vinieron a su encuentro diez hombres leprosos, que se pararon a lo lejos y a gritos le decían: «Jesús, maestro, ten compasión de nosotros». Al verlos, les dijo: «Id a presentaros a los sacerdotes». Y sucedió que, mientras iban de camino, quedaron limpios. Uno de ellos, viendo que estaba curado, se volvió alabando a Dios a grandes gritos y se postró a los pies de Jesús, rostro en tierra, dándole gracias. Este era un samaritano. Jesús tomó la palabra y dijo: «¿No han quedado limpios los diez?; los otros nueve, ¿dónde están? ¿No ha habido quien volviera a dar gloria a Dios más que este extranjero?». Y le dijo: «Levántate, vete; tu fe te ha salvado».

Lc 17, 11-19

Unidad 4, pág. 38, act. 3

Zaqueo

Entró en Jericó e iba atravesando la ciudad. En esto, un hombre llamado Zaqueo, jefe de publicanos y rico, trataba de ver quién era Jesús, pero no lo lograba a causa del gentío, porque era pequeño de estatura. Corriendo más adelante, se subió a un sicomoro para verlo, porque tenía que pasar por allí. Jesús, al llegar a aquel sitio, levantó los ojos y le dijo: «Zaqueo, date prisa y baja, porque es necesario que hoy me quede en tu casa». Él se dio prisa en bajar y lo recibió muy contento. Al ver esto, todos murmuraban diciendo: «Ha entrado a hospedarse en casa de un pecador». Pero Zaqueo, de pie, dijo al Señor: «Mira, Señor, la mitad de mis bienes se la doy a los pobres; y si he defraudado a alguno, le restituyo cuatro veces más». Jesús le dijo: «Hoy ha sido la salvación de esta casa, pues también este es hijo de Abrahán. Porque el Hijo del hombre ha venido a buscar y a salvar lo que estaba perdido».

Lc 19, 1-10

Unidad 4, pág. 39

Diálogo de Jesús con Nicodemo

Había un fariseo llamado Nicodemo, jefe judío. Este fue a ver a Jesús de noche y le dijo: «Rabí, sabemos que has venido de parte de Dios, como maestro; porque nadie puede hacer los signos que tú haces si Dios no está con él». Jesús le contestó: «En verdad, en verdad te digo: el que no nazca de nuevo no puede ver el reino de Dios». Nicodemo le pregunta: «¿Cómo puede nacer un hombre siendo viejo? ¿Acaso puede por segunda vez entrar en el vientre de su madre y nacer?». Jesús le contestó: «En verdad, en verdad te digo: El que no nazca de agua y de Espíritu no puede entrar en el reino de Dios. Lo que nace de la carne es carne, lo que nace del Espíritu es espíritu. No te extrañes de que te haya dicho: "Tenéis que nacer de nuevo"; el viento sopla donde quiere y oyes su ruido, pero no sabes de dónde viene ni adónde va. Así es todo el que ha nacido del Espíritu». Nicodemo le preguntó: «¿Cómo puede suceder esto?». Le contestó Jesús: «¿Tú eres maestro en Israel, y no lo entiendes? En verdad, en verdad te digo: Hablemos de lo que sabemos y damos testimonio de lo que hemos visto, pero no recibís nuestro testimonio. Si os hablo de las cosas terrenas y no me creéis, ¿cómo creeréis si os hablo de las cosas celestiales?

Nadie ha subido al cielo sino el que bajó del cielo, el Hijo del hombre. Lo mismo que Moisés elevó la serpiente en el desierto, así tiene que ser elevado el Hijo del hombre, para que todo el que cree en él tenga vida eterna. Porque tanto amó Dios al mundo, que entregó a su Unigénito, para que todo el que cree en él no perezca, sino que tenga vida eterna. Porque Dios no envió a su Hijo al mundo para juzgar al mundo, sino para que el mundo se salve por él. El que cree en él no será juzgado; el que no cree ya está juzgado, porque no ha creído en el nombre del Unigénito de Dios. Este es el juicio: que la luz vino al mundo, y los hombres prefirieron la tiniebla a la luz, porque sus obras eran malas. Pues todo el que obra el mal detesta la luz, y no se acerca a la luz, para no verse acusado por sus obras. En cambio, el que obra la verdad se acerca a la luz, para que se vea que sus obras están hechas según Dios».

Jn 3, 1-21

Unidad 4, pág. 40

Resurrección de Jesús

El primer día de la semana, María la Magdalena fue al sepulcro al amanecer, cuando aún estaba oscuro, y vio la losa quitada del sepulcro. [...]

Estaba María fuera, junto al sepulcro, llorando. Mientras lloraba, se asomó al sepulcro y vio dos ángeles vestidos de blanco, sentados, uno a la cabecera y otro a los pies, donde había estado el cuerpo de Jesús. Ellos le preguntan: «Mujer, ¿por qué lloras?». Ella les contesta: «Porque se han llevado a mi Señor y no sé dónde lo han puesto». Dicho esto, se vuelve y ve a Jesús, de pie, pero no sabía que era Jesús. Jesús le dice: «Mujer, ¿por qué lloras?, ¿a quién buscas?». Ella, tomándolo por el hortelano, le contesta: «Señor, si tú te lo has llevado, dime dónde lo has puesto y yo lo recogeré». Jesús le dice: «¡María!». Ella se vuelve y le dice: «¡Rabboni!», que significa: «¡Maestro!». Jesús le dice: «No me retengas, que todavía no he subido al Padre. Pero, anda, ve a mis hermanos y diles: "Subo al Padre mío y Padre vuestro, al Dios mío y Dios vuestro"». María la Magdalena fue y anunció a los discípulos: «He visto al Señor y ha dicho esto».

Jn 20, 1.11-18

Unidad 4, pág. 41, act. 9

Testimonio de Pablo ante los judíos de Jerusalén

«Yo soy judío, nacido en Tarso de Cilicia, pero educado en esta ciudad; me formé a los pies de Gamaliel en la exacta observancia de la ley de nuestros padres; he servido a Dios con tanto celo como vosotros mostráis hoy. Yo perseguí a muerte este Camino, encadenando y metiendo en la cárcel a hombres y mujeres, como pueden atestiguar a favor mío el sumo sacerdote y todo el consejo de los ancianos. Ellos me dieron cartas para los hermanos de Damasco, y me puse en camino con el propósito de traerme encadenados a Jerusalén a los que encontrase allí, para que los castigaran. Pero yendo de camino, cerca ya de Damasco, hacia mediodía, de repente una gran luz del cielo me envolvió con su resplandor; caí por tierra y oí una voz que me decía: "Saúl, Saúl, ¿por qué me persigues?". Yo pregunté: "¿Quién eres, Señor?". Y me dijo: "Yo soy Jesús de Nazareno a quien tú persigues". Mis compañeros vieron el resplandor pero no oyeron la voz que me hablaba. Yo pregunté: "¿Qué debo hacer, Señor?". El Señor me respondió: "Levántate, continúa el camino hasta Damasco, y allí te dirán todo lo que está determinado que hagas". Como yo no veía, cegado por el resplandor de aquella luz, mis compañeros me llevaron de la mano a Damasco. Un cierto Ananías, hombre piadoso según la ley, recomendado por el testimonio de todos los judíos residentes en la ciudad, vino a verme, se puso a mi lado y me dijo: "Saúl, hermano, recobra la vista". Inmediatamente recobré la vista y lo vi. Él me dijo: "El Dios de nuestros padres te ha elegido para que conozcas su voluntad, veas al Justo y escuches la voz de sus labios, porque vas a ser su testigo ante todos los hombres de lo que has visto y oído. Ahora, ¿qué te detiene? Levántate, recibe el bautismo y lava tus pecados invocando su nombre". Regresé a Jerusalén y, mientras oraba en el templo, caí en éxtasis y lo vi que me decía: "Date prisa y sal inmediatamente de Jerusalén, pues no recibirán tu testimonio acerca de mí"».

Hch 22, 3-15

Unidad 4, pág. 42

Los diáconos

En aquellos días, al crecer el número de los discípulos, los de lengua griega se quejaron contra los de lengua hebrea, porque en el servicio diario no se atendía a sus viudas. Los Doce, convocando a la asamblea de los discípulos, dijeron: «No nos parece bien descuidar la palabra de Dios para ocuparnos del servicio de las mesas. Por tanto, hermanos, escoged a siete de vosotros, hombres de buena fama, llenos de espíritu y de sabiduría, y los encargaremos de esta tarea: nosotros nos dedicaremos a la oración y al servicio de la palabra». La propuesta les pareció bien a todos y eligieron a Esteban, hombre lleno de fe y de Espíritu Santo; a Felipe, Prócoro, Nicanor, Timón, Parmenas y Nicolás, prosélito de Antioquía. Se los presentaron a los apóstoles y ellos les impusieron las manos orando.

Hch 6, 1-6

Expl. cultura, pág. 69, act. 1

La visión de Isaías

El año de la muerte del rey Ozías, vi al Señor sentado sobre un trono alto y excelso: la orla de su manto llenaba el templo. Junto a él estaban los serafines, cada uno con seis alas: con dos alas se cubrían el rostro, con dos el cuerpo, con dos volaban, y se gritaban uno a otro diciendo: «¡Santo, santo, santo es el Señor del universo, llena está la tierra de su gloria!».

Temblaban las jambas y los umbrales al clamor de su voz, y el templo estaba lleno de humo. Yo dije: «¡Ay de mí, estoy perdido! Yo, hombre de labios impuros, que habito en medio de gente de labios impuros, he visto con mis ojos al Rey, Señor del universo».

Is 6, 1-5

Anexo Padrenuestro, pág. 86, a

Oración de Jesús

Se levantó de madrugada, cuando todavía estaba muy oscuro, se marchó a un lugar solitario y allí se puso a orar. Simón y sus compañeros fueron en su busca y, al encontrarlo, le dijeron: «Todo el mundo te busca». Él les responde: «Vámonos a otra parte, a las aldeas cercanas, para predicar también allí; que para eso he salido». Así recorrió toda Galilea, predicando en sus sinagogas y expulsando sus demonios.

Mc 1, 35-39

Anexo Padrenuestro, pág. 86, b

Elección de los doce apóstoles

En aquellos días, Jesús salió al monte a orar y pasó la noche orando a Dios.

Cuando se hizo de día, llamó a sus discípulos, escogió de entre ellos a doce, a los que también nombró apóstoles: Simón, al que puso de nombre Pedro, y Andrés, su hermano; Santiago, Juan, Felipe, Bartolomé, Mateo, Tomás, Santiago el de Alfeo, Simón, llamado el Zelote; Judas el de Santiago y Judas Iscariotes, que fue el traidor.

Lc 6, 12-16

Anexo Padrenuestro, pág. 86, b

El juez y la viuda

Les decía una parábola para enseñarles que es necesario orar siempre, sin desfallecer. «Había un juez en una ciudad que ni temía a Dios ni le importaban los hombres. En aquella ciudad había una viuda que solía ir a decirle: "Hazme justicia frente a mi adversario". Por algún tiempo se estuvo negando, pero después se dijo a sí mismo: "Aunque ni temo a Dios ni me importan los hombres, como esta viuda me está molestando, le voy a hacer justicia, no sea que siga viniendo a cada momento a importunarme"». Y el Señor añadió: «Fijaos en lo que dice el juez injusto; pues Dios, ¿no hará justicia a sus elegidos que claman ante él día y noche?; ¿o les dará largas? Os digo que les hará justicia sin tardar. Pero, cuando venga el Hijo del hombre, ¿encontrará esta fe en la tierra?».

Lc 18, 1-8

Anexo Padrenuestro, pág. 86, b

Oración en Getsemaní

Entonces Jesús fue con ellos a un huerto, llamado Getsmaní, y dijo a los discípulos: «Sentaos aquí, mientras voy allá a orar». Y llevándose a Pedro y a los dos hijos de Zebedeo, empezó a sentir tristeza y angustia. Entonces les dijo: «Mi alma está triste hasta la muerte; quedaos aquí y velad conmigo». Y adelantándose un poco cayó rostro en tierra y oraba diciendo: «Padre mío, si es posible, que pase de mí este cáliz. Pero no se haga como yo quiero, sino quieres tú». Y volvió a los discípulos y los encontró dormidos. Dijo a Pedro: «¿No habéis podido velar una hora conmigo? Velad y orad para no caer en la tentación, pues el espíritu está pronto, pero la carne es débil». De nuevo se apartó por segunda vez y oraba diciendo: «Padre mío, si este cáliz no puede pasar sin que yo lo beba, hágase tu voluntad». Y viniendo otra vez, los encontró dormidos, porque sus ojos se cerraban de sueño. Dejándolos de nuevo, por tercera vez oraba repitiendo las mismas palabras. Volvió a los discípulos, los encontró dormidos y les dijo: «Ya podéis dormir y descansar. Mirad, está cerca la hora y el Hijo del hombre va a ser entregado en manos de los pecadores. ¡Levantaos, vamos! Ya está cerca el que me entrega».

Mt 26, 36-46

Anexo Padrenuestro, pág. 86, b

Jesús enseña a orar

Cuando oréis, no seáis como los hipócritas, a quienes les gusta orar de pie en las sinagogas y en las esquinas de las plazas, para que los vean los hombres. En verdad os digo que ya han recibido su recompensa. Tú, en cambio, cuando ores, entra en tu cuarto, cierra la puerta y ora a tu Padre, que ve en lo secreto, te lo recompensará. Cuando recéis, no uséis muchas palabras, como los gentiles, que se imaginan que por hablar mucho les harán caso. No seáis como ellos, pues vuestro Padre sabe lo que os hace falta antes de que lo pidáis. Vosotros orad así:

«Padre nuestro que estás en el cielo, santificado sea tu nombre, venga a nosotros tu reino, hágase tu voluntad en la tierra como en el cielo, danos hoy nuestro pan de cada día, perdona nuestras ofensas, como también nosotros perdonamos a los que nos ofenden, no nos dejes caer en la tentación, y líbranos del mal».

Porque si perdonáis a los hombres sus ofensas, también os perdonará vuestro Padre celestial, pero si no perdonáis a los hombres, tampoco vuestro Padre perdonará vuestras ofensas.

Mt 6, 5-15

Anexo Padrenuestro, pág. 86, b

Interrogatorio de Pilato a Jesús

Entró otra vez Pilato en el pretorio, llamó a Jesús y le dijo: «¿Eres tú el rey de los judíos?». Jesús le contestó: «¿Dices eso por tu cuenta o te lo han dicho otros de mí?». Pilato replicó:

«¿Acaso soy yo judío? Tu gente y los sumos sacerdotes te han entregado a mí; ¿qué has hecho?». Jesús le contestó: «Mi reino no es de este mundo. Si mi reino fuera de este mundo, mi guardia habría luchado para que no cayera en manos de los judíos. Pero mi reino no es de aquí». Pilato le dijo: «Entonces, ¿tú eres rey?». Jesús le contestó: «Tú lo dices: soy rey. Yo para esto he nacido y para esto he venido al mundo: para dar testimonio de la verdad. Todo el que es de la verdad escucha mi voz».

Jn 18, 33-37

Anexo Padrenuestro, pág. 88, a

Las obras de la carne y el fruto del Espíritu

Pues vosotros, hermanos, habéis sido llamados a la libertad; ahora bien, no utilicéis la libertad como estímulo para la carne; al contrario, sed esclavos unos de otros por amor. Porque toda la ley se cumple en una sola frase, que es: Amarás a tu prójimo como a ti mismo. Pero, cuidado, pues mordiéndoos y devorándoos unos a otros, acabaréis por destruiros mutuamente.

Frente a ello, yo os digo: caminad según el Espíritu y no realizaréis los deseos de la carne; pues la carne desea contra el espíritu y el espíritu contra la carne; efectivamente, hay entre ellos un antagonismo tal que no hacéis lo que quisierais. Pero si sois conducidos por el Espíritu, no estáis bajo la ley. Las obras de la carne son conocidas: fornicación, impureza, libertinaje, idolatría, hechicería, enemistades, discordia, envidia, cólera, ambiciones, divisiones, disensiones, rivalidades, borracheras, orgías y cosas por el estilo. Y os prevengo, como ya os previne, que quienes hacen estas cosas no heredarán el reino de Dios. En cambio, el fruto del Espíritu es: amor, alegría, paz, paciencia, afabilidad, bondad, lealtad, modestia, dominio de sí. Contra estas cosas no hay ley. Y los que son de Cristo Jesús han crucificado la carne con las pasiones y los deseos. Si vivimos por el Espíritu, marchemos por el Espíritu.

Gal 5, 13-25

Anexo Padrenuestro, pág. 89, a